如何打造一流创业团队

创业者最实用的管理指南

倪云华 ◎ 著

中国友谊出版公司

目录

序言 //1

01 一张画布看懂团队管理

被轻视的"团队管理" //003
学过的管理知识都用不上？ //008
团队管理画布（TMC） //011

02 团队的招募和搭建

只带三个徒弟的唐僧 //019
合伙人组建的基础原则——"415原则" //023
军队型团队还是球队型团队 //029
如何吸引人才——"3S原则" //034
招人的时机很重要 //038
合适的招募渠道有哪些 //043
为什么内部推荐最有效 //046
5个数字决定招聘过程的成败 //051

03 引入人才的关键——面试

招聘流程决定面试效果　//055

因岗设人还是因人设岗　//057

检测应聘者真实水平的小技巧　//064

牢牢把握住应聘者的心　//068

如何谈薪酬才是真省钱　//071

04 长期激励法——激励自驱型员工的最有效方式

梦想还是要有的——愿景的意义　//077

长期激励的各种方式　//081

期权激励的那些事　//083

创业公司控制权该怎么掌握　//090

05 短期激励法——利用工具，实现团队目标绩效达成

为什么要进行目标管理　//095

战略执行工具 OKR 使用的最佳原则　//100
OKR 执行过程中的注意事项　//106
目标绩效管理的注意事项　//111

06　优秀的团队文化支撑起公司

创业公司的 DNA　//119
创业公司文化形成的 3 个阶段　//124
团队文化塑造"5 步法"　//128
文化落地的 7 个招式　//132

07　创业者的领导力提升

创业者的 6 种领导风格　//141
创始人需要具备的 12 个品质　//152
一张清单解析管理者　//158
这些优秀管理者的特征，你有吗　//162

附录一　高效管理实战百科

团队战略目标模糊，缺乏协作——T-Map //169

团队出现问题，如何找到问题的根源——MECE 原则 //173

提升团队的效率和责任感——RACI //177

战略决策模型框架和执行模型——SPADE //183

附录二　团队可持续发展的双保险

团队新人一批不如一批？——能力杆原则 //189

老员工动力不足了，怎么办——潮汐法则 //191

序言

这是最好的时代，每个人都可以通过努力实现自己的梦想。

在中国，每年都有几十万人创立新的企业，他们被称为创业者；同时，也有几百万的中小企业正处于成长过程中。

每个企业的发展过程，都要经历初创期、成长期、成熟期和衰退期。而企业也和人一样，在早期最容易夭折。据统计，90%的初创企业活不过最初3年，而就算进入第二阶段的企业绝大多数也表现平平，增长乏力。企业发展过程要经过一道道的坎。全球著名的研究机构 CB Insight 对初创型和成长型企业的研究发现，早期企业失败的原因最主要的3项是：

1. 没有市场需求。
2. 现金流断裂。
3. 团队管理问题。

柳传志曾经说过，做企业就是"搭班子、定战略、带队伍"。只有搭好班子、带好队伍，才能实现公司的战略目标发展。我们再看另外一家公司——华为，很多人说华为的"护城河"是研发投入和众多的专利。可任正非却说，华为的"护城河"是管理，是"以客户为中心，以奋斗者为本"的企业管理文化。

公司的成长是从0到1的过程，是在考验和验证创业者的商业模式。而从1到10的过程，就是要依靠创业者的团队将商业模式放大，不断复制扩张，形成竞争优势和领导地位的过程。如何管理好团队、带好队伍，是决定公司是否可以顺利生存和成长的重要因素。

我有近10年跨国咨询公司的工作经验，也曾经为华为、海尔、苏宁、腾讯等今天被大家所熟知的公司提供过咨询建议。我也曾从0到1创立过公司，并担任过上市公司高管。在过去20年里，我接触过大量的创业者和企业家，在他们身上，我看到了满满的正能量，他们对自己的产品、业务和商业帝国充满信心。但是，一谈到团队管理，企业家们经常发出一片叹息声，问题不断："如何提升团队的凝聚力""如何打造像华为那样的狼性团队文化""如何培养团队的创新能力""如何培养接班人""如何持续提升团队的积极性和热情"……

为了解决这些问题，我也看到很多优秀的企业家、管理者每年都花大量的时间参加各种类型的管理课程培训。但当我与这些企业家进行沟通交流的时候，却发现他们身上存在一个很突出的共同问题，那就是他们掌握的团队管理知识都是散落的点，是一个个知识的孤岛。这样散落的知识，导致企业家在面对公司的管理问题时，往往是"头痛医头，脚痛医脚"，无法把公司的管理作为一个系统来看待，找准脉络来解决问题，经常不知道问题出在哪里，用错方法或者不知道用什么方法来解决。因此，我们看到很多管理行为，就是不断试错的过程，这样的成本极高。

这种状况其实是由管理知识体系本身的特点决定的。管理的知识有3个层面，第一个层面就是我们最常见的书本知识——管理学的著作,这个层面对于管理的高度凝练,比如经典管理学教材中,对于管理的定义就是8个字——"计划、组织、领导、控制";而第二个层面,是我们在现实中遇到的一个个具体的管理问题,正如我在前面列出的企业家的困惑。很显然,管理定义中的这8个字,对于我们解决管理中的实际问题是抽象的,让人无从下手。因此,在这两个层面外,其实还有一个层面,叫作经验认知。经验认知是将管理知识总结成有效的管理模式和方法,再将实践中的问题归类,找到问题中的共性,以形成最优的解决方案。掌握这一层面后,管理者只需要从现状中判断出这个表象问题可能的根源,然后从管理的方案箱中找到最合适的方案去解决它。而这些对于一名创业者或者公司管理者来说,就足够了,千万不要把管理当作一门学问来研究。

正是因为我在现实中看到了这些问题,才有了这本书的诞生。这本书不是一本理论的团队管理学教材,也不是一个个细小知识点的汇总,它是一本帮你形成经验认知的工具书,在这本书中,我想告诉你以下几点:

1. 用一张最简单的图表——团队管理画布,形成你对团队管理的全局认知。
2. 用一种潜移默化的方式,教你看透管理表象,找到解决问题的思路。
3. 用一个个经验工具,帮你最快、最优地解决现实中的管理问题。

在内容的构建上,我们遵循了下面的逻辑:

在本书第一章的开头,呈现给你的是一个叫作团队管理画布的工具,这是帮助你形成团队管理全面认知的基础,也是全书的脉络所在。后面的内容,都是围绕这张图展开的。当读完这本书后,在日常的团队管理实践中,我希望创业者们脑海中浮现出的,是这样一张简单的图表。

第二章,团队的招募和搭建。这里我将与读者分享团队组建的方法和人才培养的技巧。我将告诉大家什么样的团队结构是最优的;什么样的合伙机制是有效的;

吸引人才都有哪些方法，以及招募人才的渠道有哪几种。

第三章，我将告诉大家在招人的时候，如何辨别什么样的人适合你们的团队，如何确保人才可以招得进来，并且能够留得下。

第四章和第五章是关于如何提升员工的积极性，驱动不同类型的员工去达成团队目标的内容，介绍了包括股权、期权在内的长期激励方法，也介绍了多个目标绩效管理工具，重点介绍了时下最流行的OKR（目标与关键成果法）的具体实施方法和需要注意的问题。

第六章是关于团队文化的内容。在团队管理过程中，文化的作用很多人都能意识到，但却很难把握和用好。这里我将告诉创业者如何形成可落地、可执行的团队文化，教你如何用好这个超级武器。

第七章，我们一起来看看你是哪一种团队管理者，你的领导风格是怎样的？作为团队领导者，你的持续成长和领导方式，将决定这支队伍可以走多远。因此，我将告诉你应该具备的领导力认知和技能，并与你分享如何从一名管理者成长为一名领导者。

最后，在书的附录部分我还详细介绍了一些非常实用、方便的团队管理工具，供大家在工作中使用。

在过去几年，我通过各种形式接触过很多人，他们当中有职场新人，有创业者，还有世界500强的管理者，书中的这些建议和方法让他们有了很大收获。我希望把这些见解和经验与更多的朋友分享，希望对大家能有所帮助。

本书的一些内容，我们也与喜马拉雅App联合将其录制成了音频课程——《倪云华的团队管理课》，可以供读者更方便地学习。这个音频的内容，也被评为"2018年度最佳团队管理课程"。

这本书送给那些在努力实现自己梦想的道路上狂奔的创业者，以及在职场拼搏、

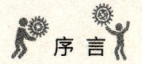

锐意进取的年轻人。同时，我也想把这本书送给我的孩子——楷铭，是他给予了我许多思考的空间，以及写作的灵感和热情。希望他健康成长，未来能够成为一个敢于创造、善于创新的人。

01

一张画布看懂团队管理

如何才能用高效、便捷的方式了解团队管理？答案就是：团队管理画布。通过画布，你将知道：团队管理应该涵盖的内容有哪些？应对不同类型的团队管理问题，可以使用哪些方法和工具？不同团队管理问题之间的关系是怎样的？

被轻视的"团队管理"

著名的商业调研机构 CB Insight 调研了超过 1000 家创业公司,发现创业失败的因素很多。其中排在前三位的分别是:

1. 没有市场需求。
2. 现金流断裂。
3. 团队管理问题。

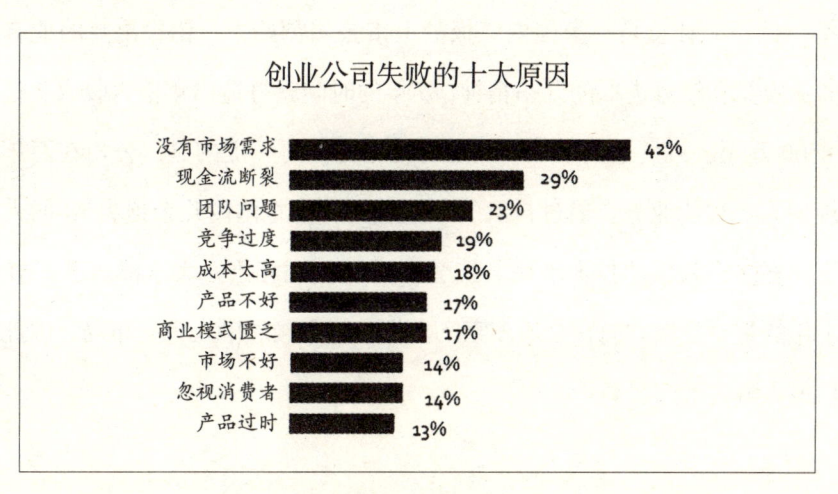

创业公司失败的十大原因

原因	比例
没有市场需求	42%
现金流断裂	29%
团队问题	23%
竞争过度	19%
成本太高	18%
产品不好	17%
商业模式匮乏	17%
市场不好	14%
忽视消费者	14%
产品过时	13%

图 1-1 创业失败的原因

对于前两个问题,很多的创业者在创业早期一定会花 80% 到 90% 的时间去关注。花大量的时间开发产品、做 App,花大量的时间写 BP、找投资人、融资。但是他们对于"团队管理"这个问题却普遍缺乏重视,这源于以下几个原因:

- 团队的问题不会像现金流之类的问题那样立刻显现出来，而是慢慢扩大影响。
- 团队管理问题往往真正出现在团队人数增长至30到50人范围的时候，也就是所谓的"40原则"。
- 对于团队管理存在误解。有些人一提到管理，会想到"管"和"约束"，其实不然。我们所说的管理是指公司业务发展的推动力量和系统，并非大公司为了防范风险而需要的控制。这一点创业者一定要意识到。

在我辅导过的创业公司中，几乎每一个公司的发展过程都会遇到许许多多的问题，公司的高层都在不断探索，以找到解决问题的有效方法。

举个例子，林总是一家国内三板的上市公司创始人，销售出身的他有着敏锐的商业嗅觉和锐意进取的开拓精神，5年的时间就打造出年销售收入3亿元、利润8000万元、人员达到了150人的公司。更值得一提的是，公司在两年前便开始规划人工智能业务。通过自己的个人魅力，他将国内几个顶尖AI的人才纳入麾下。在多个领域的技术水平上甚至和BAT公司相当。大家都知道，AI是未来几十年的重要发展方向，全球多家巨头都在这个领域砸入重金布局。因此，公司的估值也随之水涨船高。

然而，面对如此好的行业前景和公司发展阶段，林总却高兴不起来。过去这半年，一些问题持续让他感到焦虑——

- 团队之前打江山，员工都是"泥腿子"，现在面对更大的发展，员工能力不足。
- 团队目前的状态低迷，已经不像之前林总亲自带销售团队时那么有激情了。
- 员工抱怨在这家公司做好做坏一个样，没有明显的区别。
- 这些顶尖的 AI 技术人员都是宝，该怎样安抚和用好他们。
- 因为过去这些年，林总的领导风格一直很强势，所以下面缺乏能独当一面、大胆决策的管理层。

在与其团队沟通时，我发现其实焦虑的并不只是 CEO，中高层管理者也充满焦虑：

- 公司目前的激励体系很不清晰，做多做少都一样。
- 不知道在这家公司该如何成长，做一年看看，不行就换公司。
- 每天只有业绩数字，缺乏团队建设，大家都没有归属感。
- 怕和上级领导沟通，上级领导说什么就是什么。

高速成长阶段的公司其实有很多的不易，不但要快速奔跑，提升业绩，还要在这个过程中稳固基础。一招不慎，就会对公司的发展产生影响。

另一个例子是一家智能家居的 CEO 方总，一名看似平凡的女性创业者。这家公司从最基础的淘宝店开始做起，现在公司的智能门锁业务，是全网销售中的前三名。方总有一个特点，因为很早创业，所以对公司的管理都是自己摸索出来的。也正因如此，她是一个非常好学的创业者。一年中，有 1/5 的时间都在参加各种培训班。但是当我和她聊起公司的发展和管理的时候，我发现了一个非常有意思的情况：她很清楚大部分的管理概念，但是在谈到实际运用时，她的这些知识点都是发散的、表象的。她并不知道其背后的逻辑和根源是什么，有时候甚至会用错方法。

让她最头痛的一个部门就是人力资源部门。业务上，她完全可以自己把控。但是对于公司的内部管理，她却一直没有找到满意的、可以协助她的人选。过去的一年，她的状态就是在不断地解雇和招聘 HRD（人力资源总监）之间交替进行。这让她总觉得，在外面开展业务的时候，大本营不够稳固。

第三家公司则处于相对早期的发展阶段。公司刚刚拿到 A 轮融资，人员规模在 40 人左右，创始人有着丰富的职业背景，之前曾在万科担任高管。后来带着一群兄弟出来创业，团队成员之前也都是业内资深人士。公司成立之初，大家也是信心满满，毕竟也是个黄金组合。但经历了一年左右的时间，创始人发现负担满满：他需要同时兼顾业务发展和公司内部管理。人员的增加，并没有直接带来公司业务的发展，因为关注和推动公司业绩的永远就是固定的几个人。公司成长缓慢，投资人也对进度表示不满。一支"梦之队"，却没有达到"梦之队"应有的发展速度，反而发展得比预想的慢很多。每个合伙人都很强势，因此也都很有自己的想法，许多事情的推进都无法做到协同一致。CEO 经常召开合伙人公约大会、管理层目标研讨会、内部协调闭门会等各种类型的会议，试图解决这些高层管理者之间的隔阂和障碍。

以上案例均来自具体的公司，但这些问题绝非个案，在许多创业公司中都存在。这些问题都很典型。比如：如何增强团队凝聚力？怎样推动团队实现既定的任务目标？如何驱动团队成员有更多的创新？为什么别人的公司文化或者氛围总是那么好，而我们却不行？为什么看起来老板是团队最辛苦的人？

作为创业者或者 CEO 的你，必须要能够意识到和辨别清楚这些问题，掌握解决方法，然后对症下药，这样才能使得企业获得长足进步。

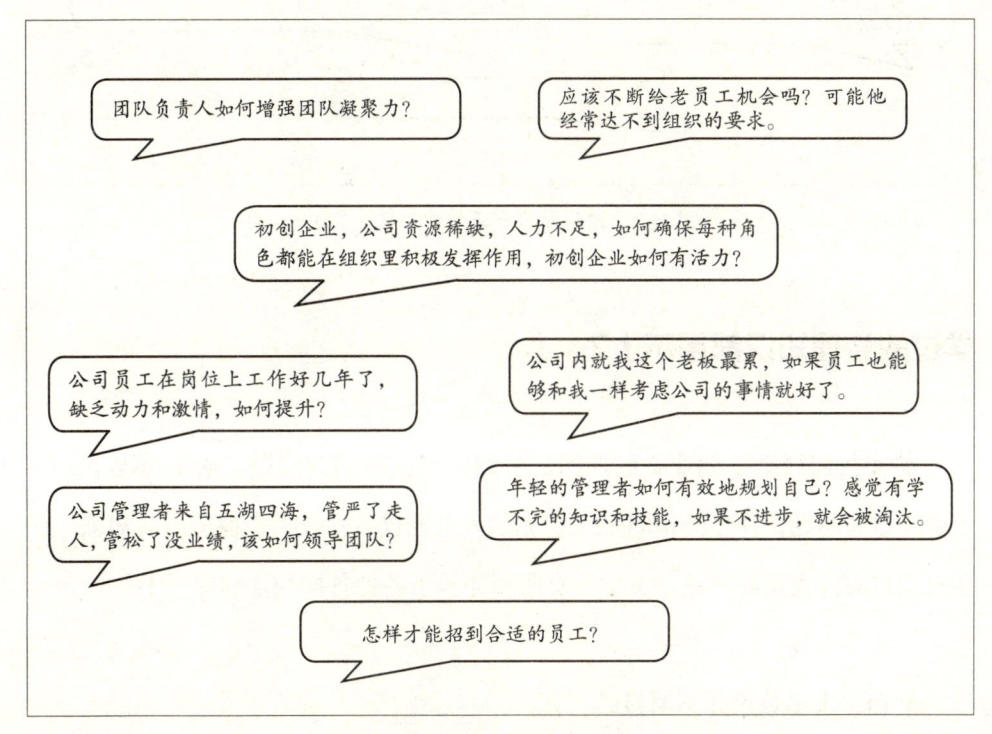

- 团队负责人如何增强团队凝聚力？
- 应该不断给老员工机会吗？可能他经常达不到组织的要求。
- 初创企业，公司资源稀缺，人力不足，如何确保每种角色都能在组织里积极发挥作用，初创企业如何有活力？
- 公司员工在岗位上工作好几年了，缺乏动力和激情，如何提升？
- 公司内就我这个老板最累，如果员工也能够和我一样考虑公司的事情就好了。
- 公司管理者来自五湖四海，管严了走人，管松了没业绩，该如何领导团队？
- 年轻的管理者如何有效地规划自己？感觉有学不完的知识和技能，如果不进步，就会被淘汰。
- 怎样才能招到合适的员工？

图 1-2　团队管理中遇到的问题（一）

> 如何加强团队纽带,做好团队文化和价值观建设,确保士气不低落,团队不散?

> 怎样让员工也能够积极思考和创新?

> 小型团队管理者和被管理者的年龄差不多,感情化管理和制度化管理哪个更合适?

> 管理者如何调节团队内部不同人才之间的矛盾?

> 如何去培养自我的领导力,有什么方法?

> 快速发展的组织,如何平衡培养员工与引入员工?

> 老员工不把管理者当回事,导致执行很费劲,该怎么解决?

> ……

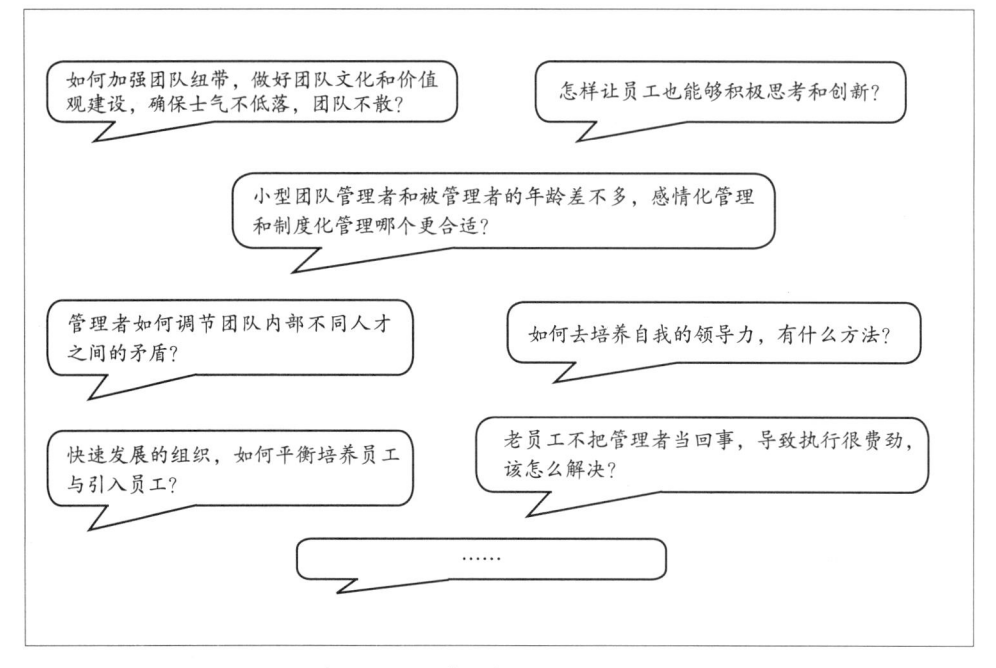

图 1-3　团队管理中遇到的问题(二)

学过的管理知识都用不上?

前面我们列举了创业者们在团队管理过程会遇到的问题。通常情况下,为了解决这些问题,许多公司的 CEO、创始人会通过各种途径掌握所需的知识。有些人通过阅读大量的书籍、文章,有些则穿梭于各种各样的培训课程中。

然而,大多效果并不明显。

究其原因,团队管理其实本质是一门理论加经验的学科,在执行过程中又是科学和艺术的结合。团队管理涉及的许多问题是看不见、摸不着的。而我们的管理知识体系又大多是散落的知识点，所以很多人会对于管理学缺乏系统的认知，这就让我们在实践中难以找到事物的本质，只见树木，不见森林，抓不到问题的要害，一直处于混沌状态。

我们在阅读管理学的著作时会发现，书中对于管理的定义很精炼——管理就是计划、组织、领导和控制。而在现实中，我们遇到的问题却又是那么具体和庞杂，让人无从下手。于是，团队管理的过程就变成了试错的过程。我们通过不断尝试各种不同的方法来排除错误的选项，最终找到最合适的那个。然而，这样的方法成本奇高。

以上就是我们在日常团队管理过程中碰到的常见情况。想要解决这些问题，我们需要培养两种思维认知能力。

第一种：模式认知能力

在团队管理知识和实际情况之间，存在一个鸿沟。要弥补这个鸿沟，就需要我们在团队管理过程中形成一种思维模式。

我们在学习很多知识的过程当中，其实都是通过对模式认知的总结来不断提高认知的。比如下棋有棋谱、剑客有剑谱、编程有语言、数学有定律和公式等。因此我们就需要在实践中，把这些散落的知识点总结成有规律的模式或者方法，来提升我们对于团队管理的认知，利用这些认知直接解决我们现实的问题。

第二种：全局认知能力

什么是全局认知呢？举一个简单的例子，上海迪士尼乐园想必很多人都去过。关于游玩迪士尼乐园，有一个有意思的现象。很多朋友第一次游玩回来后，当你问他某某景点怎么样时，得到的回复往往是那个景点根本就没有看到过。

为什么会出现这样的情况呢？因为迪士尼占地100多公顷，而且迪士尼乐园中又分了很多小的主题区域，比如宝藏湾、明日世界、探险岛梦幻世界等。游人可能花一整天的时间也很难玩遍所有的景点。很多朋友去游玩迪士尼乐园的方式就是：早上冲进去，在某一个主题乐园下面排队，最后到了晚上9点钟就出园了，总计下来可能只玩了两三个项目。所以当你第二天去问他迪士尼的一些概况或者一些游乐项目的时候，他当然不知道了。

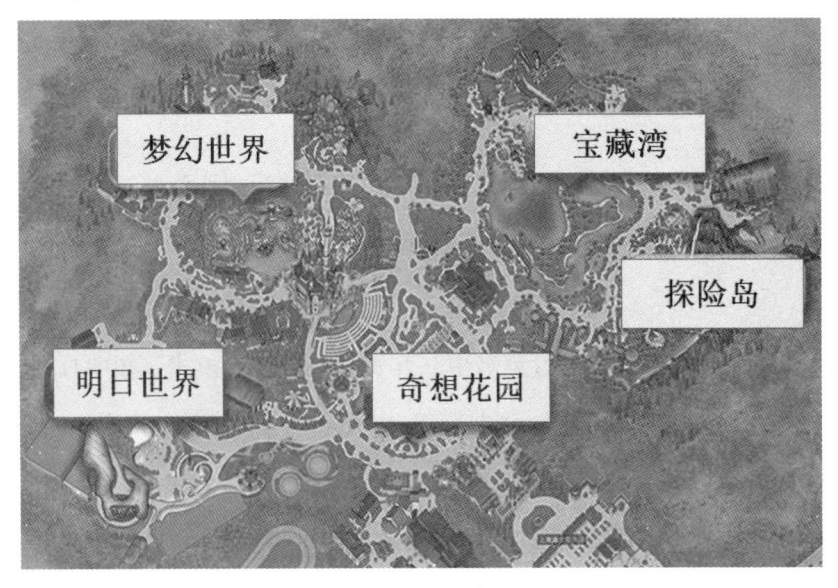

图1-4 迪士尼导览图

这个例子其实跟很多人在团队管理过程中遇到的问题是一样的。很多时候我们关注的都是一个一个局部的问题，我们所掌握的知识点就像一个个散落的孤岛，很难形成系统而结构化的认知。比如，只关注绩效，或是只关注领导力等单一目标。

但是在团队管理的过程中，每一个方面都是相关的，每一个局部的内容都是贯通的。当你身在庐山之中而不知全局的时候，就只能采取下策，头痛医头，脚痛医脚了。所以，正确进行团队管理的方法就是要对团队管理有一个总览的认识，就像游玩迪士尼前，首先要对其全貌有个了解。

我们需要一张迪士尼的全局导览图，了解清楚到底有哪些主题区域，每一个区域的特点分别是什么。然后再决定应该先玩哪个项目，每个项目应该花多少时间。这样一天游玩结束后，当别人再问你对迪士尼的印象时，你心里就会对各个部分及其特点了然于心，这就是对全局的思维认知。

团队管理画布（TMC）

如何用高效、便捷的方式掌握团队管理？答案就是：学会使用团队管理画布。通过画布，你将知道：团队管理应该涵盖的内容有哪些？应对不同类型的团队管理问题，可以使用哪些方法和工具？不同的团队管理问题之间的关系是怎样的？

画布中包括6大模块，这6个模块其实涵盖了我们团队管理的所有内容，只要掌握了这些内容，就像拿到了迪士尼的导览图一样，在团队管理的过程中可以总揽全局，且对每个模块都有极为清楚的认识。

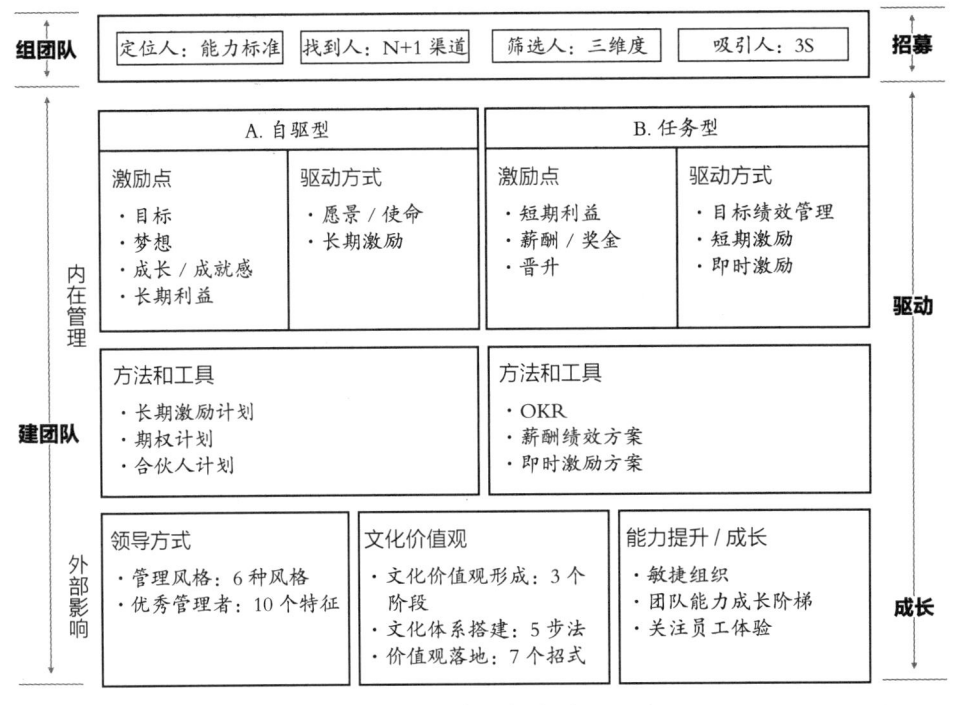

```
组团队   | 定位人：能力标准 | 找到人：N+1渠道 | 筛选人：三维度 | 吸引人：3S |   招募

        ┌─────────────────────────────────┬─────────────────────────────────┐
        │           A. 自驱型              │           B. 任务型              │
        │  激励点          驱动方式         │  激励点          驱动方式         │
        │ ·目标           ·愿景/使命        │ ·短期利益        ·目标绩效管理    │
内在     │ ·梦想           ·长期激励        │ ·薪酬/奖金       ·短期激励        │  驱动
管理     │ ·成长/成就感                     │ ·晋升           ·即时激励        │
        │ ·长期利益                        │                                 │
        ├─────────────────────────────────┼─────────────────────────────────┤
        │  方法和工具                       │  方法和工具                       │
建团队   │ ·长期激励计划                    │ ·OKR                             │
        │ ·期权计划                        │ ·薪酬绩效方案                     │
        │ ·合伙人计划                      │ ·即时激励方案                     │
        ├──────────────┬──────────────────┼─────────────────────────────────┤
        │  领导方式      │  文化价值观        │  能力提升/成长                    │
外部     │ ·管理风格：     │ ·文化价值观形成：  │ ·敏捷组织                        │  成长
影响     │  6种风格       │  3个阶段          │ ·团队能力成长阶梯                 │
        │ ·优秀管理者：   │ ·文化体系搭建：    │ ·关注员工体验                    │
        │  10个特征      │  5步法            │                                 │
        │               │ ·价值观落地：      │                                 │
        │               │  7个招式          │                                 │
        └──────────────┴──────────────────┴─────────────────────────────────┘
```

图 1-5　团队管理画布（TMC）

模块一：搭班子

这张画布是一个自上而下型的结构，顶部是团队招募。我们知道，一个团队的好坏，其实从招募阶段就已经决定了。所以，我们会首先解决搭班子的问题。在这个模块中，大家可以了解到如何组建自己的团队，如何招募到自己想要的人才。而对于初创公司来说，在选择合伙人进行创业的时候，该如何选取合格的合伙人，又该怎样分配公司的股权等问题也会有详细的说明。此外，模块中还会介

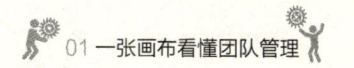

绍许多实用的面试方法和技巧，让你在最短的时间内甄别出最需要的人才。

模块二：自驱型员工的激励

第二个模块则涉及如何有效地激励员工。在激励的过程当中，又要区分不同员工的类型，有些员工属于自驱型。自驱型员工赞同并认可公司的愿景和使命，愿意付出努力，实现公司愿景。对他们的激励要从两方面入手。一方面要不断强化他们的愿景意识和使命感，让他们感觉到这个愿景是可以实现的，而且公司也走在正确的、实现愿景的轨道上；另一方面，还需要把他们的利益融入公司的成长中。最好的办法就是使用长期激励，把公司未来的价值分割出一部分激励员工。这将把公司的发展内化为员工的主观追求，达到长期激励的目的。在这一模块，会涉及如何规划公司的愿景，如何设计公司的长期激励方案。

模块三：任务型员工的激励

第二类是任务型员工。对于任务型员工来说，公司的未来发展和愿景并不是他们在这家公司工作最关心的方面。他们只关心今天的状态，今天所获得的收益。对于这些任务型员工的激励，在这张画布当中，我们也给大家提供了一些方法。他们的目标很简单，他们只关注今天完成了这件事情，领导可以给予什么样的回报？这些回报可能是经济层面的，可能是调薪或者奖金，也可以是晋升方面的，或者培训等一系列的方式。

其实这些激励都是非常短期的激励方式。那对于短期的激励方式，我们应该如何把每个员工的行为、每个员工的目标和整个团队的目标牢牢绑定起来。我们需要关注的就是包括类似OKR的一种管理方法，怎么样能够让我们目标一致，大家协同去完成我们的任务。

这一章我们会介绍一些科学实用的目标和绩效管理方式。这些工具将使任务型员工明确他们各自的任务目标，并将他们最看重的短期利益与任务相关联，以此提高团队的执行力和团队的效率。善用这些工具将会大幅度提高团队的效率。

激励的原理是从内部影响员工的行为，驱动他们与公司一起前进。而下面3个模块则是从外部来考虑如何影响员工，其中包括公司文化、领导风格及公司的成长环境。

模块四：公司文化

团队文化一直是一个被忽略的部分，但是团队文化却又十分重要。

有一句对于"文化"的评价十分经典，那就是"文化是管理的最高境界"。我们知道一个国家或者一个社会的管理方式是法律和道德。法律约束人们的行为。法律之上，人们自觉共同遵守社会道德。文化道德体系和法律体系共同指导人们，告诉人们一件事正确与否，是否该做。

而在一个组织团队内部也是如此，我们企业的内部有规章制度，同时在企业中，每一个员工的行为，其实都受到一些看不到的力量的驱使，那就是公司的团

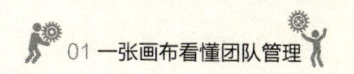

队文化和价值观。在这个模块中，我将告诉大家关于团队文化的核心内容。一个公司或团队的文化是怎样形成的？怎么制定有利于公司发展的文化价值观体系？如何让团队文化可以落地执行，渗透到每个员工的日常言行中？

好的团队文化既可以使优秀人才对这个团队充满热情和忠诚，还可以激发每一个人的创造力和想象力。首先一个和谐一致的团队会让公司有统一的行事风格，除此之外，每一个团队成员都会对这个环境产生舒适感，自然而然地就会不断做出公司希望他们做出的举动和行为。我们会在相关的章节里向大家介绍团队文化的重要性、团队文化形成的阶段、塑造文化的方式，以及让文化在团队生根发芽的方法。

模块五：领导力和领导风格

没有带不好团队，只有管理不善的领导者；一个团队的好坏，起到关键作用的是领导者。同样的一个球队，两个不同的教练带队会产生两种完全不同的效果。领导者是一个团队的灵魂。在这个模块中，我将告诉大家6种优秀的领导风格，以及在不同时期、不同情境下，好的管理者应该采用哪种领导风格。

正确的领导风格不仅能够让企业从中受益，也会让员工对领导更加信任，无形中就可以使成员对这个组织更加忠诚。

模块六：员工关怀和成长体系

好的团队绝对不会只关注眼前的得失，他们会放眼长远，立足未来。团队管理不是蜉蝣，不是昙花，而是一个持续的动态过程。因此我们需要关注团队成员的持续成长，这既包括每个个体的能力和职业的提升，也包括整个团队的梯队建设问题。在画布的这个模块中，会给出相应的建议。

生活不止眼前的苟且，还有诗和远方的田野。在团队管理中，除了管理之外，我们还需要在其他方面体现对团队的关怀，那就是员工关怀，这其中包括对员工身心健康的关心，对员工家庭的关心，对员工工作和生活的平衡的关心等。

这张团队管理画布的每一个环节都环环相扣，从不同的层面影响着一个团队表现的优异程度，每一个环节都发挥着作用，并且互相影响，最终形成一个完整的整体。而且，每个模块的每一个环节都对应解释了在现实当中，员工出现的实际问题和其背后的深层次原因。比如一个团队的绩效不达标，原因肯定是多种多样的，可能是激励不到位，也可能是这个团队的文化不够完善，还有可能是领导者的领导方式有问题。通过这张画布，我们就可以探寻其背后的原因。同时，这张画布也针对这些状况提供了最佳方法和工具，这样我们就不用过多地去摸索和尝试，遇到相应的问题时可以直接用这些方法去解决问题。

02

团队的招募和搭建

在团队管理画布中,最顶端的模块是搭班子——如何招募和搭建合格的团队。如何组建一支优秀的团队是创业团队在初期最重要的一件事情。小米的创始人雷军在小米创建初期,80%的时间都用在吸引各个领域最优秀的人才。搭建优秀的团队,是成就事业的第一步。人对了,一切都对了。

只带三个徒弟的唐僧

我们在讨论团队组成时，经常会提到成员类型，不论创业团队规模如何，是几个人的小团队，或者是几百人甚至上千人的成熟团队，团队成员的类型其实都只有固定几种。

我们可以用一个经典的例子来解释这个问题，大家都读过《西游记》，但是大家有没有思考过：为什么在《西游记》中，唐僧去西天取经只带三个徒弟？要知道，西天之行经历重重磨难、劳碌艰辛，更要经历一次次的生死之劫。唐僧从大唐出发的时候，完全可以带上几万名的士兵，可是他最终却只带了3个徒弟。而另一位历史人物——明朝的郑和下西洋的时候，他带的舰船总数已经超过了千艘。

事实上，无论是西天取经还是创业团队，队伍中可能出现的角色类别的确只有3种可能。这就涉及一个非常经典的团队管理方法。我们团队的成员很多，每个人的特长、个性、能力都不一样，那么针对每个人的不同特点，管理者分别该用什么样的方法去管理呢？这时候继续回到《西游记》的例子，看一看唐僧是怎么解决这个问题的。

团队成员的类型划分通常有两个维度。第一个维度是忠诚度，即团队成员对组织忠诚与否，按从低到高的级别予以划分。第二个维度是能力或者绩效水平，也是从低到高予以划分。这两个不同的维度形成了4个不同的象限。这4个不同的象限就代表了4种不同的类型。

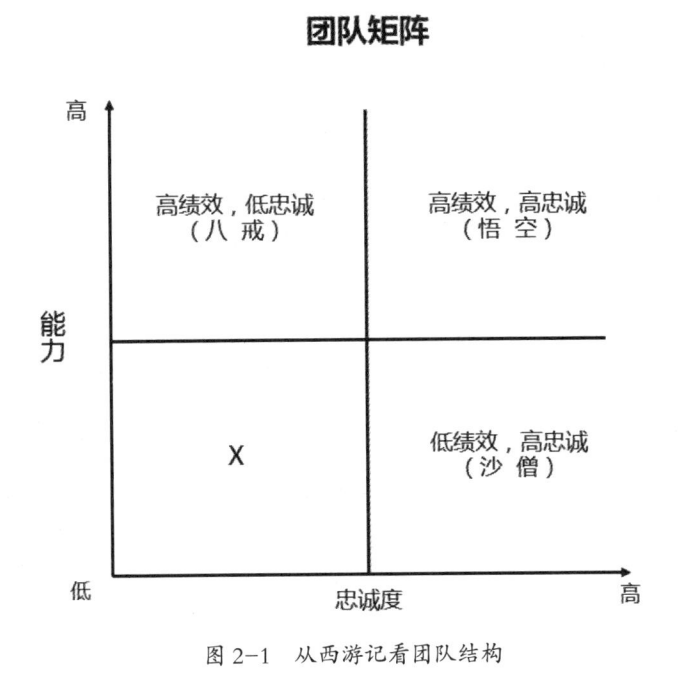

团队矩阵

```
能力
高 │  高绩效，低忠诚    │  高绩效，高忠诚
   │    （八戒）       │    （悟空）
   │                  │
   ├──────────────────┼──────────────────
   │                  │
   │       X          │  低绩效，高忠诚
   │                  │    （沙僧）
低 └──────────────────┴──────────────────
   低           忠诚度              高
```

图 2-1 从西游记看团队结构

象限一：这类员工的能力很强，而且他们对公司和团队非常忠诚，就像西游团队中的孙悟空，虽然孙悟空在早期对取经的态度不是很积极，但后期他对取经大业是完全忠诚和认同的。同时，孙悟空的能力也是毋庸置疑的。他在这个团队中既有极强的能力，又是一名非常忠诚的团队成员。请你思考一下，在你的团队成员中有没有这样的角色？如果有，又有多少这样的理想员工呢？

象限二：这类员工的能力很强，但是忠诚度有限。在《西游记》中，这个

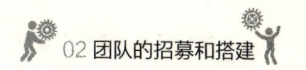

角色就是八戒了。八戒的能力应该还算是过关的，不然他也不会官至天蓬元帅。但是八戒对取经这件事的认同度很低。只要一有机会或者稍遇磨难，他的第一反应就是回高老庄。这种员工的能力是团队所需要的，我们要通过他的能力来达到团队的目标绩效，但是我们没有办法依赖他的忠诚度。你可以思考一下，在你的团队当中有没有这种类型的员工？

象限三：第三类员工的忠诚度不用怀疑，但是这类员工的个人能力非常有限。《西游记》中的沙僧就是这样的人。他非常忠诚，任劳任怨，但是其能力确实有限。基本上每次和妖精的对阵中，他都会败下阵来。他经常会说的两句话就是"大师兄，师傅被抓走了"和"大师兄，师傅和二师兄都被抓走了"。这样的角色在团队当中也一定存在。他缺乏足够的能力，但是他对团队忠心耿耿。

象限四：这个象限的人，能力有限，同时忠诚度也很低。这样的人一般在团队中的生存空间非常小，甚至不会被招入到团队中，即使意外地让他进入了团队，也会很快被驱逐出去。

所以《西游记》中，唐僧的徒弟只有3个，分别来自这3种类型，这3种类型已经涵盖了我们团队里所有的员工。而我们的团队管理也是如此，对于创业者而言，你不用将每一个员工都细分到不同的个性、特点中去，从团队管理的角度来看，我们只要掌握这样一个团队矩阵，就可以清晰地看出团队成员的结构。

当大家清楚地知道了一个团队中的这几类员工后，就可以针对不同类型的员工采取不同的管理方法，让他们的能力和价值最大化地发挥。我们可以分别看一看：

信任

首先，孙悟空这样具有高能力和高绩效的员工，对于事业方向和团队方向有着清晰的认知，他更在意的是自己能力的体现和提升，所以对这样的员工，你需要做的就是给他足够的空间，因为你们对于未来的认知和目标是一致的，而且他会很在意领导的信任，就像三打白骨精的过程中，正是因为唐僧对他缺乏信任，所以他一怒之下回到了花果山。对这样的员工的管理，需要的是为他确定大方向，然后给他足够的信任和发挥空间。

底线

第二种像八戒这样的员工，他们忠诚度比较低，但是能力非常出众。这种人对于管理者来说，其实是非常抵触的。如果领导者缺乏一定的包容心，这类员工很难在团队当中生存。但是作为一个团队的领导者，我们的目标是整个团队未来发展更好。所以对于这样的员工，你也需要使用好或者利用好他。

所以对于这样的员工，我们的管理方式是尽可能地发挥他们的能力，为他们制定短期的绩效目标。我们设定一个目标，让他去完成，完成了之后给他相应的激励，因为这类员工只在乎短期所获得的利益。但是，在启用这些人的同时，我们需要为这些员工的行为设定底线，严禁他们越过这条底线。同时，我们也希望能通过培养这类员工，让他们变成孙悟空一类的人。其实孙悟空就是从八戒这样的角色转变为后来忠心不二的状态的。孙悟空早期比较顽劣，但是唐僧通过紧箍咒，为他设立了底线，唐僧对他的开导和感化，慢慢让他转变，使他对取经事业也有了坚定的信仰。

提升或出局

沙僧这一类员工对公司兢兢业业，恪尽职守，但是很遗憾，他们并没有产生很好的业绩。他们严格遵守公司的规章制度，但是他们的成绩却很一般，所以我们称呼这些人为公司里的"大白兔"。"大白兔"对于公司的价值较弱，所以，有些公司发展若干年以后，"大白兔"员工的数量逐渐增多，这就会对公司产生一些影响。因为他们会让团队中的一些表现积极、业绩出色的员工感到不公平。

所以对于"大白兔"、沙僧式的员工，我们要给他们更多的能力培训，甚至是换岗，希望他们发展成为孙悟空这样的角色，但如果这种员工对公司的认同、对公司规则的遵守仅限于一种消极的态度，我们也要及时对他们采取措施。

这就是有意思的团队矩阵，在整个组织架构中，管理者需要也仅仅需要这三类员工；并用不同的管理方法，对他们分别加以管理，旨在最大限度发挥团队的能力。

合伙人组建的基础原则——"415原则"

合伙人之间的结构，是一个公司的核心结构，但在团队或者公司创建初期，因为基本没有盈利，是打江山的阶段，大家都会忽视这个问题的重要性。但有人说过，合伙人结构就像一个人的心脏，平时不会出问题，但是一旦有问题，一定都是大问题。公司发展到一定阶段，出现利益的纠葛，不合理的合伙人团队结构就会对企业的发展产生致命的影响，最极端的甚至会导致公司瓦解。

现在越来越多的创业公司或者是创业项目，都在合伙人组建的问题上遇到了困难。在这个问题上，我给大家介绍的这个原则就是合伙人组建"415原则"。

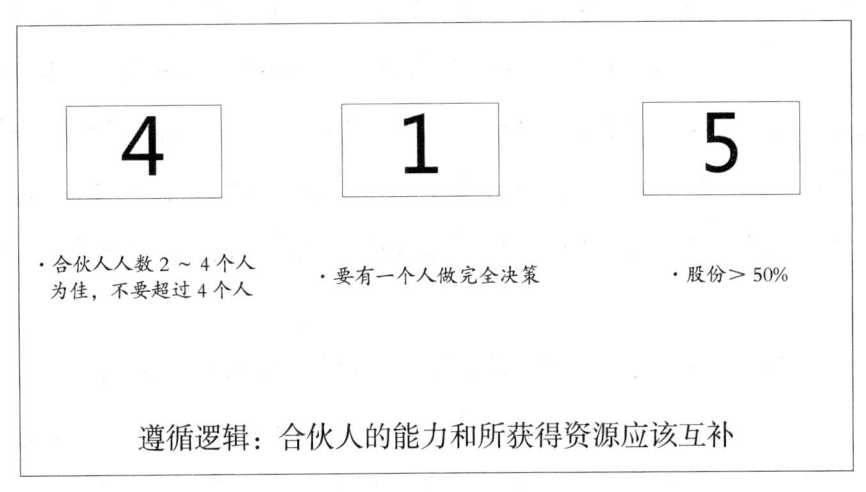

```
┌─────────────────────────────────────────────────────────────┐
│                                                             │
│        ┌─────┐           ┌─────┐           ┌─────┐          │
│        │  4  │           │  1  │           │  5  │          │
│        └─────┘           └─────┘           └─────┘          │
│                                                             │
│   ·合伙人人数2～4个人    ·要有一个人做完全决策   ·股份＞50%   │
│    为佳，不要超过4个人                                      │
│                                                             │
│      遵循逻辑：合伙人的能力和所获得资源应该互补             │
└─────────────────────────────────────────────────────────────┘
```

图2-2　415原则

第一个数字是4，4是从合伙人团队组成人数的角度来考虑的。对于合伙人，我们看到过很多不同的情形。有些公司是一个创始人，有些公司是一群创始人。那什么样的结构是相对合理的？一般来说2到4个人是比较好的结构。原因在于，一个人的话，执行力会很强，但是一个人的能力、资源和精力都是有限的。同时，一个人的判断可能会存在视野的局限。

另外，企业在发展过程中会遇到很多问题和困难，很多的责任需要扛，一个人压力太大，而且缺乏倾诉对象，如果有人能适时帮你分担，则会给你的身心带来帮助。

很多公司都是3个创始人，因为有产品、技术、市场这"三驾马车"，就可以支撑起一个完整团队和公司。互补多，重叠部分少，效率最大化。如果公司有两个技术负责人，执行力立即下降，也就是所谓的多一人不如少一人。

但是人数过多的合伙人团队，比如5人以上也是不适合的。这样会降低决策效率，影响企业的发展进程和速度。因此，2到4人是一个比较好的标准。比如著名的新东方合伙人是3个人、携程是4个人。

第二个数字是1，这里的1代表这个合伙人的结构中，我们需要有一个领导者、一个带头大哥。他需要有足够的权威，可以在团队意见发生分歧，或者团队缺乏一致方向的时候，敢于并有足够能力拍板做决策。这在早期的创业公司中格外重要，因为在早期发展过程中，会存在发展方向不清晰的时期，这时候必须要有人敢于站出来承担责任、承担风险。

因为在团队发展的过程中，遇到好的情形时大家都很团结。但是，一旦情形不好，面临困难和风险的时候，很容易出现树倒猢狲散的情况。这时候带头大哥会给团队成员带来内心的支撑，形成向心力，继续推动团队的前进。

第三个数字5，是从股权的角度来看的。这个数字代表合伙人中需要有一人的股权占到50%以上，形成相对控股局面（或者某种形式约束的相对控股条款）。我们经常看到大家在创立企业的时候，因为比较讲情面，觉得谈钱和股份不利于兄弟情谊，所以很多时候股权结构就是平均化，两个人就是五五分，3个人就平均每人1/3。这样的分割，在早期是皆大欢喜的，但也同时埋下了深深的隐患。

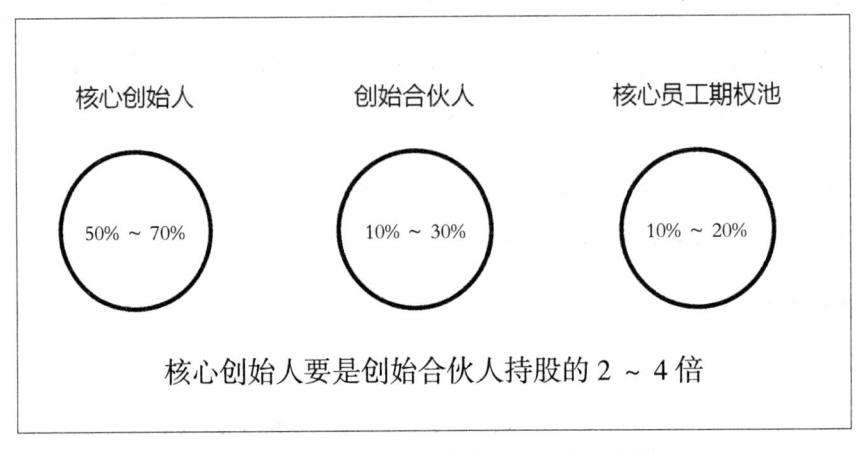

```
核心创始人          创始合伙人          核心员工期权池

  50%~70%           10%~30%            10%~20%

        核心创始人要是创始合伙人持股的 2~4 倍
```

图 2-3 创立之初不同角色的合理股权比例

这个问题其实和之前提到过的问题是关联的，即在这个结构中，没有人是真正可以拍板的，而同时也因为大家的股份所带来的利益是平均的，就会出现大家都不会为之搏命的情况，最终导致三个和尚没水喝。在这个结构中，只有当其中一个人的股权占到足够重的比例时，才能确保权责的一致性。

对于股权结构的设置，其实并不能完全靠拍脑袋或者兄弟情感来决定。每个人股权结构的设计是需要参考合伙人在这个团队中的价值,包括投入的资源（资金），对于提高这件事成功率的价值，同时还有专业能力、投入状态、在团队中的角色等一系列的因素进行加权得出。这样得出的股权结构比例会比较让人信服和具有合理性。

而在现实情况下，大家一定会想，对于那些许多轮融资的公司，最后创始人的股份一定会低于 50%，甚至有些只有十几个点。这样的情况如何处理？的确，

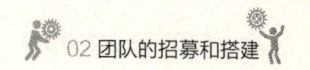

这样的情况是存在的，而且很普遍。

但创始人或者管理者还是会通过某种手段达到我们在上文中描述的原则状态。

比如，我们看到比较多的是使用 A／B 股的形式，目前这样的管控结构，在国内的资本市场上不被认可，但在海外的资本市场，如纳斯达克，是比较普遍的。比如在阿里或京东这样的公司，管理层手里持有的是和普通股民不同投票权的 B 股，A 股是同股同权，B 股一股拥有 10 倍投票权。通过这样的方式，管理者就能够实现对公司的控制。

我们看到过很多企业成长到一定阶段，因为早期团队合伙人结构设计不合理，既而出现了问题的情况。举个例子，我有一个学员小刘，在澳洲留学多年，毕业后开始做跨境电商。公司成立 1 年多，营业额做到 1000 多万元，然后他想发展引进一些合伙人。其中一个合伙人是他曾经的同学，技术大牛，现在在微软。另外一个是电商的资深前辈，是兼职，但会提供资源。小刘一心只想把事业做大，这两个人可以提供的资源很棒，所以急于拉他们入伙。于是，小刘就主动说他可以给这两个人每人 30% 的股份。股份变更完以后，开始运转得不错。但是到了第二年，大家对于未来市场的把握发生了分歧，小刘想转国内市场，但另外两个合伙人不同意。最后大家不欢而散，局面非常难看，最重要的是小刘的业务也受到了很大影响。

从这个案例可以看出，引入合伙人扩大公司的发展，这是个很好的初衷。但是，在结构上必须要遵循一定的合理性。需要让合伙人结构有利于公司发展，而不是反过来阻碍公司发展。因为这个结构不单单决定分红和收益，也是公司发展方向的决定因素，甚至会影响公司的最终控制权。

那么在组建团队和寻找合伙人的过程中，应该要思考什么样的人未来可以成为合伙人呢？大多数情况下，我们寻找合伙人要基于对这个人的了解程度和熟悉程度。比如，马化腾在创立腾讯时的创始合伙人就是他身边的朋友或者同学。

所以我们在选择合伙人的时候，要关注3点：

1. 要了解这个人的过去，了解他过去的为人品行，了解他过去的能力。

2. 要和这个人在某些事情上的价值观保持一致，这一点至关重要，否则在未来的团队合作过程中一定会出现分歧。如果团队中有价值观不同甚至完全相反的团队成员，未来这个团队就很容易因此解散。

3. 合伙人们在一起工作应该是比较顺畅、融洽的，甚至是一个享受的过程，而不是彼此互看不顺眼，工作起来很困难，缺乏沟通，这样的情况很容易出现问题。还有最重要的就是团队合伙人之间的能力应该是取长补短、互相协调的，这点可以为今后团队的成长奠定坚实的基础。

军队型团队还是球队型团队

现实生活中，我们会看到不同类型的团队形式，到底什么样的团队类型才是最合适自己的？这里和大家分享的是两个非常具有代表性的团队形式，即军队型团队和球队型团队。我们一起来看看这两种不同类型团队的特点。

对于任何一个公司来说，不同的组织和团队结构的产生都不是随意而为之的，而是为了顺应企业的发展而产生的，最终形成的就会是一种最有利的团队形态。通常来说，我们在考虑团队的架构时，会考虑以下4个方面：

1. 我们所处的行业。
2. 我们的战略。
3. 我们如何协调资源去完成产品、销售以及客户服务的一系列流程。
4. 我们希望培养什么样的团队文化。

可能大家在搭建团队时不一定会系统地去考虑这些，但这些因素一定会在组织和团队结构的形成过程中产生影响。

从整体来看，有一些典型的组织和团队类型。比如，自上而下的科层制的形式，各个部门分工明确，各司其职；也有虽然是自上而下的结构，但是在组织内部的项目协作又非常充分，可以任意组织和调配资源；非常中心化的结构也存在，Apple过去的状态就是完全以乔帮主为核心，腾讯其实也是一种以QQ用户为核心的结构。另外，也有像Facebook这样完全去中心化的网状结构模式。

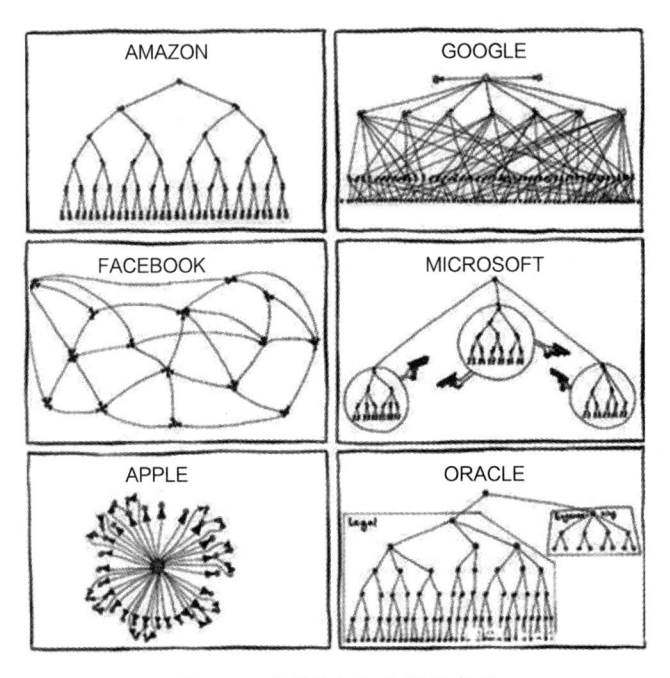

图 2-4　典型的组织和团队类型

另一个最近提到比较多的，是关于团队形式的讨论，具体来说就是军队型组织和球队型组织的选择问题。军队和球队都是高绩效组织的典型代表：有明确的目标，需要通过团队的协作、高超的能力表现才能赢得胜利。对于这两种组织形态的清晰认知，有助于我们把握正确的团队搭建方法。

这两种团队形式有什么区别？究竟哪种团队形式才最适合我们的团队的呢？

首先，从命令到赋能

两种组织的形式都各有特点，军队型组织要求执行度高，无条件遵守命

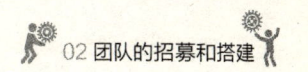

令，以服从命令为天职。就像我们看到的电影《集结号》，如果没有得到命令，就算战死疆场，也不能下火线。

而球队型组织的主要特点，是指球员根据场上的实际情况随时应变调整，比如足球队和篮球队。整场比赛的策略在赛前会制定好，针对现场的情况变化，就要求球员快速做出反应。正如前曼联主帅弗格森所说：球员一跨过球场线，就不是教练能控制的了。

再者，从集体力量到个性崛起

对于个体的价值，这两种模式也有所区别。军队型组织要求的是整齐划一，强调团队风格和集体利益，不凸显个人色彩。只有集体有效益，才会有个人的成绩。所以，在军队中我们很难看到某一个人在战役中的力量，类似《战狼》这样的弘扬英雄主义的故事也只能在电影院看到。

而球队，强调个体的价值和差异。每个人的能力互补，前锋、中场、后卫各司其职，才能组合成一支完整的队伍。球队强调球星的力量，在这样的团队中，最容易看到耀眼的明星诞生，球星是球类运动不可缺少的角色。如我们所熟知的篮球明星科比、詹姆斯，以及足球明星梅西、罗纳尔多，他们都是球队必然的产物。

同样，两种团队结构对于个体的成长也是有差别的。对于球员来说，可以在为某支球队效力的过程中展现和提升自己的实力。而这样的实力是属于个体的，这将是未来球员转会和提高升价的资本，这是个人品牌的凸显过程。而在军队组织中，个人的价值可能随着他离开这个团队而消失。

两种团队形式有着各自的特点。组织结构不存在好坏，只有合适与否。不同的组织团队形态，在不同的情况下就会带来不同的价值，这种价值正是企业所需要的。

对于需要规模化、标准化管理的组织，军队这样的科层式结构是他们所需要的，所以我们看到了像富士康这样的企业实行的军事化管理。在那里，虽然每天公司都有大量的员工离职和入职，但这并不会影响到工厂的进度和生产，这是军队组织模式带来的价值。铁打的营盘，流水的兵。

而对于市场形势变化飞快的行业，可能球队型的团队结构会更合适他们。因为行业和用户需求变化很快，对外界的快速响应能力已经超越效率而成为新的核心竞争力。这样的及时反应，如果是来自高层，再层层传导，必然会导致响应不及时。这就是过去那些明星企业在新经济环境下轰然倒塌的原因。比如曾经的手机霸主诺基亚，在公司手机业务衰败的时候，诺基亚CEO约玛·奥利拉说过一句话："我们并没有做错什么，但不知道为什么，我们输了。"在智能手机快速抢占市场的时候，诺基亚因为没有及时调整经营战略，导致彻底失败。他们没有做错，但是同样也没有做对，若是能及时调整战略，一切都会不一样。

面对这样的环境，我们需要做的是快速响应。距离市场和用户更近的员工有资源可以进行快速决策，迅速形成小的产品迎合市场，这才是新的生命力。我们看到了越来越多的成功例子，比如华为的铁三角、韩都衣舍的产品三人组、海

02 团队的招募和搭建

尔的事业合伙人等。

这种组织的背后,不只是简单的组合和流程的灵活度,也涉及公司的利润衡量机制及奖励制度。流畅的球队型组织,就像一个大轮子中带着多个小轮子,它们互相依存,共生共荣。

有时候在一个组织中,甚至会同时具有军队型团队和球队型团队两种不同风格的团队,这两种风格都有着它们自身独特的价值。从任务形态来看,如果你的团队要求执行度高,在很短的时间必须完成任务,那你就需要一个军队式的团队组织。然而从层级来看,高层级团队需要的是一种球队式组织,每个高管层都需要发挥自己的价值,在不同的情境下判断市场并做出决策;基层的团队,更多强调的是执行力,要求高标准地执行。从行业来看,对于未来充满未知的、创新的领域,我们倾向于球队性的组织。具体情况具体分析,不同的团队形式,需要根据当下的具体情境来灵活运用。

除了我们看到的典型的科层制组织,以及球队型组织外,其实还有很多的组织和团队形态出现,比如圈层型团队组织。典型的代表就是滴滴、Uber 这样的公司,这些公司拥有自己的核心团队,团队负责产品和运用工作。但是在公司外,还有着与公司形成紧密合作关系的司机。同时,还有所谓的平台型组织,统一的前端,无数个独立的小后端。

团队组织的形态一定还会不断发生变化,未来组织在边界上也在不断延伸。一方面组织越来越小,形成了一个个企业内部的独立小组、自组织,它们有着自己的生命力；另一方面，组织又变得越来越大，通过协作和外包的方式，可以整合足够多的外部资源，比如像苹果公司就是如此。

在这里我们以军队和球队作为启发，来思考各种团队的形态，希望大家能有所思考和收获。

如何吸引人才——"3S 原则"

搭建团队，面临的第一个问题就是：如何以及用什么去吸引你想要的人才？优秀的人才，是每一个管理者梦寐以求的。我在工作时就经常会遇到创业者向我表达对于人才的渴望。然而大家都知道，吸引人才并不是一件容易的事。

如果是一家拥有良好雇主品牌和雄厚实力的公司，吸引优秀的人才难度不会很大。但如果是一家普通的公司，或者是刚刚起步的公司，没有优厚的条件，开不出市场最高的薪酬，创始人一定会感受到吸引优秀人才着实不易。普通的人才，我们看不中；而往往大家看中的优秀人才，又会因为这样那样的原因拒绝我们的录用。

在这样的情形下，用什么来吸引你想要的人才？这里给大家一个参考模型。在和渴望的人才沟通的时候，可以先了解这个模型，用三板斧来和他沟通，这会让我们在吸引人才的道路上事半功倍。这个原则叫"3S 原则"。S 是英文单词分享（share）的简写，3S 就是指三个分享：分享愿景、分享公司和分享价值。

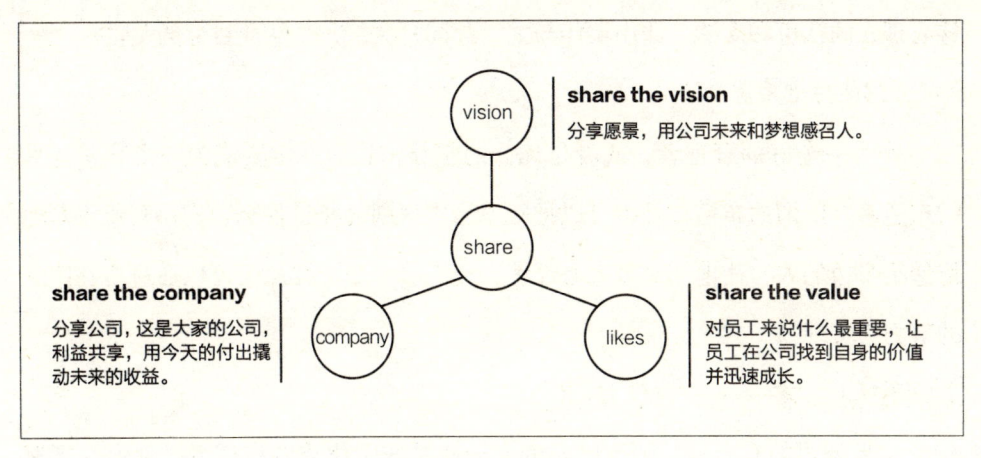

图 2-5　3S 模型

第一个原则：分享愿景

vision 就是一个公司的愿景和目标，是这个团队希望实现的方向。这里分享两个知名公司的 vision，阿里巴巴的使命是：成为全球最大的电子商务服务提供商，一家持续发展 102 年的公司，成为全球最佳雇主公司；Facebook 创立时的愿景是：连接全世界。

分享公司的 vision，是指管理者和创始人把这个团队或者公司关于未来的宏大理想传达给希望吸引的人才。很多时候，优秀的人才之所以愿意加入该团队，其实是奔着团队希望做成的某件事情和未来能够共同成就的事业。在阿里巴巴早期发展阶段，甚至包括它上市之后，阿里的成员们始终坚持的口头禅就是"梦想还是要有的，万一实现了呢"。

所以，在团队的组建过程当中，管理者如何收获优秀人才对公司的愿景、核心理念的认可和支持，让小伙伴与之一起同舟共济，是达成目标的关键。

作为一个好的管理者，或者是优秀的领导，我们一定要成为一个非常优秀的布道者。所谓的布道，是指可以把脑海当中规划的愿景目标、宏伟梦想不断地传递给身边的人，让他们对梦想有憧憬，充满着希望，并深信可以通过所在团队的努力去实现。

苹果公司的乔布斯、阿里巴巴的马云都是非常优秀的布道者。他们会把握各种场合的机会向团队描绘公司的未来，尤其是在公司最困难的时期，这种时候员工最需要的就是坚持下去的信念。

这是模型的第一个关键 S（share the vision）。不论你的公司规模多小，员工多少，每个公司都应当有一个远大的、宏伟的愿景以凝聚人心。但是现实是很多公司都忽略了这个因素，有些人觉得我们公司还小，还不需要考虑这些。缺乏愿景的公司会产生一系列的问题，如有时候团队成员辛苦工作，但却并不知道需要达成的目标是什么。这样的状态持续一段时间以后，成员就会陷入疲态和迷茫，这对于优秀人才的挽留是极其不利的，越是优秀的人才，越在乎未来。

第二个原则：分享公司

"分享公司"的核心概念，是从利益的角度出发的，是向每一位新加入的成员传达"我们很在乎你的加入，我们希望你成为这个公司的一部分，这个公司也有你的一份，公司未来的成长所获得的收益，你是有份的"的信息。

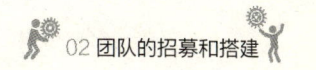

这是从人的经济性的角度来考虑，任何人的职业付出，都会考虑经济利益，这是管理者一定不能忽视的问题。"分享公司"旨在激发人才加入公司和团队，并不遗余力地发挥才能，让员工能够意识到随着团队不断的成长和公司的增值，他也能从中获得更大的利益，让他意识到今天的加入和付出，通过资本杠杆，可以在未来换来成倍的财富增长。

"分享公司"的另外一个好处，其实是将公司或者团队的短期人力成本分摊到相对长的时间周期里，这对于许多处在早期发展阶段的公司或团队是非常有利的。

第三个原则：分享价值

价值（value）就是指我们想要吸引的人才所在乎的东西，也就是人才希望从团队中得到的东西。每个人在选择一个工作的时候，一定都有自己的个性诉求。可能在乎工作环境和氛围，可能是工作内容，或者在公司是不是有牛人或领导能否给予自己帮助。一个管理者想要吸纳一个人才的时候，一定要清楚他最在乎的是什么。若能够清晰地知道他的需求，这将对于团队收获人才大有裨益。如果我们能够准确把握优秀人才的需求，并且着重满足他这个需求的时候，我们在谈判的过程中就可以占得先机。

同样对于优秀人才的获取，可能管理者要采取盯人战术，不断反复地沟通，三顾茅庐才能达到目的。优秀人才的加盟，有时候就可以开辟一个新的战场，带来持续的胜利。所以为此的付出都是值得的，请务必记住 3S 策略。

招人的时机很重要

公司招募人才必然会思考一个问题，该招多少人合适？该在什么时候招人？

一些创业者会把公司人数的增长、规模的增速当作一件比较荣耀的事情，但其实过快的增长会给企业带来很大的压力。人数增长并不一定能够带来真正的业务增长，因为员工多同时也意味着成本的增加，这里的成本包括经济成本和管理成本。

公司的CEO在关注业务增长的同时，也要关注人员的增长，更重要的是要关注人员质量的增长。

一个有意思的案例，2011年阿里巴巴的人力资源部门认为，根据阿里业务发展的规划，今年要新增12000名员工。马云当时给人力资源总监下了一个命令，说今年只招2000个人。结果，即使只招了2000个人，业务照样保证了百分之百的增长。在2012年，人力资源规划认为要招2000个人，马云又直接把人数砍到了500个，结果同样地，当年的目标超额完成。

所以，如果我们是CEO或者创始人，在决定需要增加多少人的时候，一定要三思而后行，要确保招进来的每一个人都是我们需要的，都是能为我们解决问题的。

而从另一个角度考虑，单纯依靠招人增加业绩是一种低效的增长方式，一

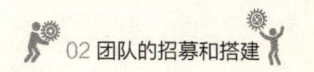

旦人员招募的指标被冻结，人们就会去想办法通过其他的方式去提升业绩和效率。比如，通过技术的方式或者业务模式改变的方式来达到业绩增长的目的。而这些因素带来的增长才是质量更高的，也更有可能在未来给我们带来更多的业绩回报。

如果想成为独角兽公司，未来的增长就不应该是一个简单的线性增长，而应该做到非线性增长。只有在业绩不断上升的同时，成本不断下降，才能够实现非线性增长。就像我们看到《王者荣耀》给腾讯每天带来的收入一样，这个时候的成本就可以忽略不计了。

那我们到底什么时候招人、招多少人会比较合适呢？我们把招人过程分为两步：第一步是前期储备；第二步是正式招募，迎接进入。

对于一个初创型公司，储备人才是管理者每天都要做的事情，不能等到人手紧张的时候才考虑招人这件事，人员充足的时候又抛之脑后。因为好的人才不一定会按照我们的需求出现，他出现的时间点可能是偶然的、随机的。所以我们需要不断地去留意，不断地去观察，避免错过需要的人才。

储备人才是一个应该放入日常工作的事项，但是正式接收人才进入团队的时间则需要把握。我们可以去看很多的候选人，但是要把握人才具体进入的时间点。初创公司得以迅速补充人手以配合企业发展的前提，是前期人才探索和储备工作做得到位。这些人才应该早就在管理者的储备里，随时都可以让人才立刻入职并开展工作。所以这两步要配合使用，才能发挥出最优效果。

进人要与公司战略和业务发展相匹配。公司发展是一个螺旋上升的动态过程，公司需要的人力也随之会发生变化。公司的业务上升了一点，然后发现人手不够了，于是增加了新员工，推动业务又上升到一个新的高度。在新的层次上，人力又不够了……人力需求和公司发展二者之间永远是这样一个过程。

什么时候进人？

A. 出现能力差异：
这件事情从现在的能力标准来说，只能达到 0.5 ~ 0.75

B. 出现工作量差异：
现有的人力负担到 1.25 ~ 1.5

常规情况，以战略和业务的上升带动人力上升。

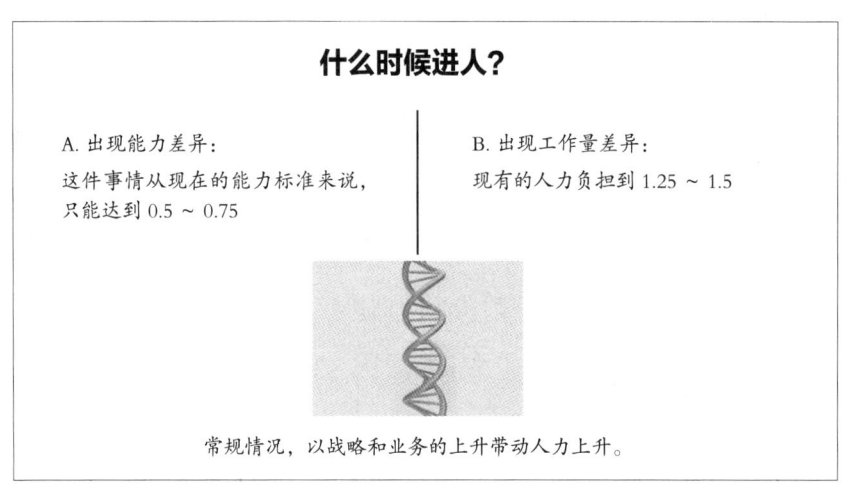

图 2-6　进人的时机

那么，在什么情况下，我们真的需要增加人手呢？

第一种情况：能力不足。

面对现有业务，依靠现有人员的能力，最多只能满足 50% 到 75%，这个时候管理者要考虑从外部引入一些更加有能力的人来弥补现有的空缺，带领这块业务去发展。

第二种情况：重复劳动，负担过重。

员工在能力上没有缺口，但在重复劳动的时候，现有的员工承担的工作达

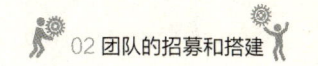

到了他现有的时间负荷的 1.2 到 1.5 倍。这个时候，我们需要考虑的是立刻增加人手，而未来这个方面的人手可能也会被机器人替代。

另外，有些时候我们感觉到团队内部存在疲态或懈怠，从外部招募一些人员加入，能够带入一些新的灵感和文化，对激发组织的活力也是有帮助的。

在具体的招募策略上，不论是一个新的公司或是早期团队，还是一个发展成熟的团队，针对两种不同的发展目标，我们一般都遵循两种不同侧重的战略战术。

第一类目标是指某个人才是公司未来的高管和核心人才，从公司发展或团队发展的角度来说，这个人我们一定要拿下，因为他对公司未来的发展非常有帮助。此时，需要采用的方式就是第一类战术，即人盯人的战术，用三顾茅庐的方式去把最优秀的人才拿下。

这样的故事比比皆是。比如在美团创始初期，美团 CEO 王兴对当时在阿里集团，后来成为美团公司 COO 的干嘉伟，采取的便是多次的人盯人战术，最后成功把他吸纳过来。

那么，第二类战术是什么呢？一个公司的管理者，更广泛的人才招募方式是建立雇主品牌和价值观。我们可以通过各种各样的方式去建立品牌，让外部对于团队和公司有一个良好的认知。这种认知包括对公司优良文化体系的认知、对公司良好竞争机制的认知，还包括公司对员工关怀度的认知，最终让外部关注到成员的工作过程和他们的身心健康。通过这种雇主品牌的建设，管理者将有效地吸引更多元化的人才加盟。这就是我们在战术上侧重于更广泛人才引进的第二类战术。

我们可以看到越来越多的雇主所在的人力资源部门面对移动化、社交化的趋势已经开始积极寻求改变，以便能更有效地提供业务发展所需的战略性洞察。这些雇主们在最大化使用各个社交网络平台为招聘和雇主品牌所用等方面进行了较为前瞻性的探索。从平台对接技术、内容生产机制、传播沟通策略等方面，我们整理汇总了常见步骤供大家参考：

1. 建立公司官方账号后的雇主品牌素材导入、内容（视频、文案、动画）创作、活动推广等日常运营。
2. 最大化使用社交媒体的工具建立虚拟人才库（如微博群、微信群、游戏化的 App）。
3. 将内部推荐计划嫁接到社交媒体上进行放大和推广。
4. 主动关注和联系在各类社交媒体（职业社交网络）的虚拟人才库。
5. 在社交媒体上的 talent mapping（在职人才、潜在候选人、竞争对手优秀高管）。
6. 内部的社交媒体政策制定、实施、推广和技巧培训。
7. 品牌的形式多元化（雇主品牌活动激发企业内部员工融入活动和参与活动）。
8. 招聘渠道移动化、社交化、游戏化以及雇主品牌推广新玩法（微信、微站二维码等）。
9. 离职员工关怀（离职员工返聘或者其他项目）。

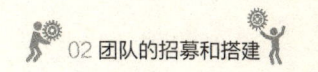

关于这个部分内容，还需要公司管理层提升的观念是，在新型雇佣关系下，我们在需要人手的时候，特别对于一些非核心岗位的人手，招人可能往往并不是我们的唯一选择。有些时候，可以通过兼职或者外包合作的方式来弥补我们的能力需求。而未来可能会有越来越多的人不受雇于某家公司，个体与公司的关系从雇佣变成了合作。

合适的招募渠道有哪些

这一节的内容是关于在组建团队过程中的招募渠道，也就是管理者可以招募到所需人才的几种有效途径。招募渠道其实有很多，包括前面讲到的，对于我们熟悉的、了解的一类人，我们基于彼此的关系和共同的意愿，可以很容易地把他们吸纳进团队，成为我们的合伙人或者是团队的合作伙伴。但对于其他的一些人才，我们更多的是通过一些外部的渠道与他们建立联系。

外部渠道有着非常多样的类型。在使用的过程中，我们要清楚地知道不同的渠道有什么样的特点，不同的情况下使用哪些会更有效，具体如图所示。

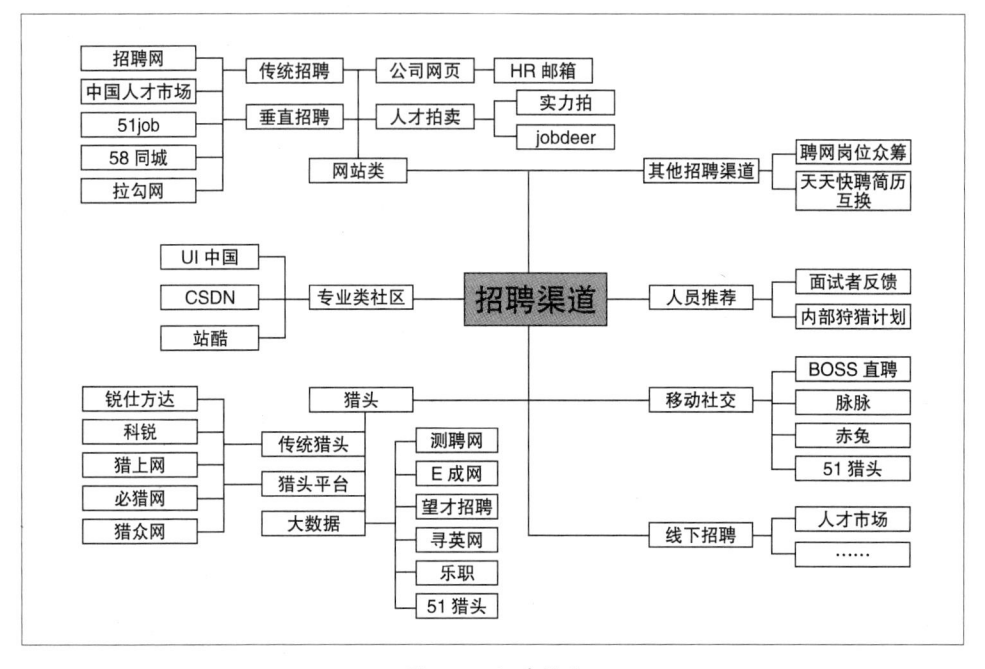

图 2-7 招聘渠道

第一类是在大家很熟悉的专业招聘网站上发布招募的信息，比如"51job""猎聘网"和"智联招聘"等，这些网站都是综合性的社区，网站上会提供比较综合而全面的行业和岗位。

第二类是专业性和垂直性的招聘网站。比如专门针对互联网的"拉勾网"，在网站上有比较全面的互联网岗位细分，从产品经理、开发到运营等。还有一些面向专门人才的网站，比如 CSDN 就是技术人才的聚集地。

第三类是采用猎头的方式。针对一些具体的、重要的、急需的人才，我们可以通过猎头来与这些人才取得联系。

第四类就是通过一些职业社交的网站招募人才，比如说包括像"赤兔""LinkedIn 领英""Boss 直聘"和"脉脉"等。这也是招聘渠道多元化中的其中一种方式。

另一方面，随着新媒体的普及，越来越多的招募将通过新媒体开展。上亿数量级的社交网络用户，比起仅有千万数量级别的传统招聘网站的简历，天然就形成了一个大社区优势，下一步就是如何辨识以及找到目标候选人。找到之后我们如何与之沟通并经营好我们和目标候选人之间的社交关系。候选人使用不同的终端设备接入网络，借助碎片化的时间进行体验并构建起对一家雇主的印象，他们希望看到更加真实、更加融入生活的评论，而并不是官方言论的内容，部门经理撰写的一篇职业发展心得可能比一个职位简介要更加耐读和容易被分享——"在互联时代，如何让人才找到我们才是决胜人才战的关键"。大道至简，换个角度，其实降低人才找到我们的成本，也就是对"找人难"问题的最佳答案，没有之一。

因为新生代的求职者都比较早就累积起了对社交网络的认知和使用习惯，而社交招聘的进程与发展是社交网络平台本身的发展以及招聘者、求职者双方观念意识与习惯的进化所决定的。招聘者不但要使用年轻求职者精通的新媒体沟通工具，还要注意在社交媒体上的品牌建设。

衡量新媒体招聘是否成功，必须建立社会化招聘战略，经常检查其趋势和效果。建立粉丝群并得到积极的反馈，这种效果不可能在短时间内立刻产生，关键是用其成长状况来衡量这种招聘方式是否成功。

以下是一些招聘者需要考虑的关键指标，但每个公司的情况都不同，针对不同的社交网络渠道，我们也应该使用不同的数据评估体系，列出一系列问题，这样会指明正确的方向，如果以一个"Career Site+ATS+Social Media"整合的招聘营销项目为载体，以下是较为通用的值得统计分析的数据（reach 即到达了多少目标候选人，connected 即与多少优质候选人建立了连接，conversion 即具体的转化数量如何）：

1. 载体的访问者数量（独立用户 UV）。
2. 载体页面流量（PV）。
3. 雇主社交网络账号/页面拥有的粉丝数量和有效互动次数。
4. 招聘者个人社交网络账号拥有的粉丝数量和有效互动次数。
5. 社交网络群组成员数量（如在领英、微博、微信上的目标候选人群组）。
6. 社交网络账号网址点击率（尤其是空缺职位的网址）。
7. 成功推荐率（监测通过 Social Media 来到 Career Site 并完成了应聘行为求职者的自荐或者推荐）。
8. 招聘质量评估（按照 90 天和一个季度的表现来评估，对比其他现有招聘渠道）。

为什么内部推荐最有效

除了上述的招聘渠道，其实有一个渠道，我想很多人可能会忽略或者没有完全地挖掘、发挥出它的效果，那就是内部推荐，即所谓的"内推"。内部推荐其实很简单，首先，让团队内部的成员推荐合适的候选人，经过团队考核和筛选

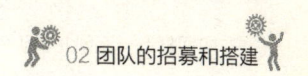

以后，让合适的人选加入到团队。

内部推荐相对于其他招募渠道的价值在于：

第一，成本低。内推的成本相对于其他的一些渠道，包括网站、社区等，是非常低的。它的直接成本可能仅限于给推荐成功的内部员工相应的奖励。第二，背景清楚。因为推荐过来的员工跟内部的员工大多是朋友、同学的关系，或者起码是认识的，所以一般来说都会是知根知底的人。招聘团队对被推荐者的技术能力、背景会比较了解。第三，易融入。内推的方式也有助于新员工的加入，使他能够比较快速地融入到团队当中去。

在多元招募体系中，我建议大家能够更多、更好地使用内部推荐这种渠道。

渠道	牛人	一般团队	成本
线下渠道	○	○	高
猎头	◐	◐	高
网站	○	◐	中
社交网站	◐	◐	高（时间）
推荐	◐	◐	中

图 2-8　创业公司招聘各渠道对比

然而在实际的工作过程中，我们可能会发现内部推荐的效果并没有达到我们的预期。这里的问题可能在于大多数公司的内部推荐计划的设计中，尚存在一些值得提升的地方。要打造一个好的内部推荐体系，要注意以下几点：

首先，老员工要对你的团队有认同感，这是内部推荐的基础。

其次，在内部推荐以后，时不时可以告诉推荐者关于被推荐人的情况，比如被推荐者在公司的进步和成长，这样也有助于老员工更多地去推荐人才，因为他们能感觉到成就感。

再次，我们对于推荐者一定要有有效的奖励，奖励的金额、幅度、针对性都要有足够的吸引力和刺激度，让员工们愿意主动参与到这件事情中去。

另外还需要注意的是，在内推计划的设计过程中，一定要做到优化和简化。一名员工在推荐身边的人的时候，也不希望推荐步骤是烦琐的。员工也希望通过很简便的方式内推，比如通过公司的内部工具、邮件或者很简单的表格就能完成内部推荐的工作，而不会让内推成为员工的一个沉重负担。

最后，公司内部也应该对内部推荐的成功给予广而告之和表扬褒奖，要让更多的人知道哪些员工成功地为公司推荐了人才，并由此给公司带来了巨大的贡献。

一个好的员工推荐计划的5个注意点：

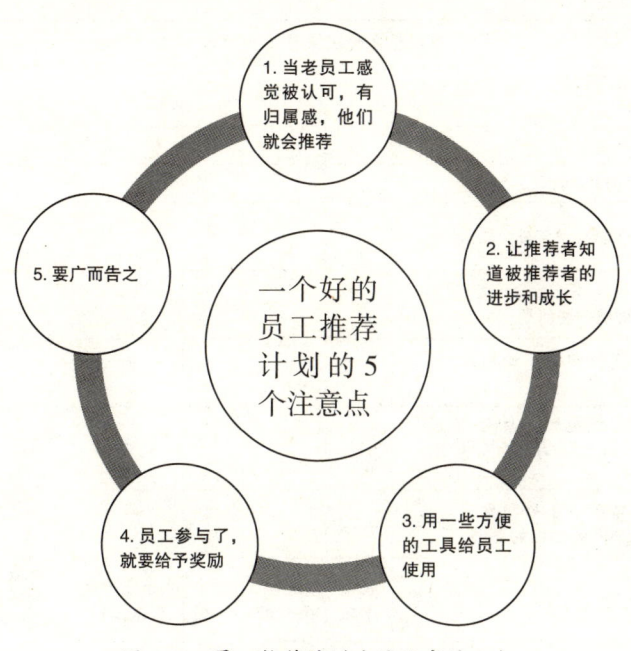

1. 当老员工感觉被认可，有归属感，他们就会推荐
2. 让推荐者知道被推荐者的进步和成长
3. 用一些方便的工具给员工使用
4. 员工参与了，就要给予奖励
5. 要广而告之

图 2-9 员工推荐计划应该注意的 5 点

在内部推荐的过程中我们往往会遇到一个问题，当 HR 或者用人部门去询问某个员工有没有一些好的候选人能够内部推荐的时候，很多员工的回复是"让我思考一下"。过了一段时间，他答复往往是没有想到合适的人，然后就放弃了这件事情。

在这个过程中，其实可能有合适的人选，但员工并没有在第一时间想起这个人。那企业或者人力资源部门这时候就需要用一些方法或者流程来激发他们挖掘潜在人选。这里给大家推荐一个工具——内推清单（memory space tool）。这个工具通过询问员工一系列的问题让他们能更宽泛地去思考，最终扩展可能成为被推荐人的人选名单，进而提升员工推荐率。一般来说，在我们使用了所谓的内推工具以后，推荐率会上升 30%~50% 的比例，甚至更高。

找到更多的优秀员工（推荐）									
第一步	和同事、合伙人花30分钟一对一相处								
第二步	询问以下问题								
第三步	写下名字和对应的联系方式								
第四步	找时间来喝咖啡/发邮件/微信								
第五步	得到回复(90%以上的目标者)，表明你要询问一些问题								
第六步	针对你的岗位空缺，询问谁是合适人选								
第七步	当他们对你说抱歉、谢谢的时候，要问一下他们会招谁进入团队								
第八步	给每个人留下一个好印象，保持联系，感谢他们的参与								
	问题	名字	联系方式	是否感兴趣	联系日期	我乐意直接联系他们	你可以联系他们并提及我的名字	你可以联系他们但不要提及名字
高中	你上高中时，身边最聪明的三个人是谁							
	你高中时，谁是你最好的朋友							
	他们去哪里上大学							
	谁是团队里最出色的							
大学	哪个大学							
	你大学最难的一门课程是							
	课程1							
	课程2							
	课程3							
	谁是这些课程最优秀的学生							
	谁在一个被忽视的团队里表现出色							
	哪些高年级学生是你崇拜的							
	哪些教授是你崇拜的							

表2-1　内部推荐流程和内推清单

5个数字决定招聘过程的成败

创业公司在招聘环节,不能只关注结果,需要注意对流程的把握。而流程的把握,我们要关注一些重要的数字。以下这几个数字是我们在实际执行过程中需要关注的:

1. 合格的候选人数。就像合格的潜在客户对于销售而言的意义一般,拥有合格的面试候选人对于一个团队达成它的季度招聘规划至关重要,合格候选人的数量是关乎一个公司招聘成功与否的重要指标。合格候选人的定义是在电话面试中的表现符合招聘要求的候选人。结合合格候选人的概况和候选人接收工作邀请后的反馈情况,一个公司可以预测是否能够在该季度达成招聘目标,就像销售团队预测产品预订量一样。

2. 招聘时间。这里的时间是指招聘一名员工所花费的天数。对于招聘而言,速度是一种竞争优势,因为公司最想要的候选人往往有许多选择,如果招聘过程的时间过长,候选人极有可能会被其他公司聘用。许多顶级公司都将第一次和候选人接触到签约之间的时间控制在20天以内。

3. 候选人满意度。在每次面试之后,公司会给面试者发送一个调查问卷,测试他们对于整个过程的满意度,包括职位是否解释清楚,面试者是否有充分准备,他们是否感觉被尊重以及被礼貌的对待。创业公司应该达到70%甚至更高的候选人满意度。

4. 录用接受率。指收到录用书的人最后接受录用的比例。这个数据应该尽可能的高,要达到75%甚至更高。如果录用书接受率比较低,招聘团队应该展开调查,找出原因。这些原因可能包括候选人满意度较低、招聘速度太慢、工要求中的参数不清晰，以及招聘者和招聘经理之间沟通存在问题等。

5. 招聘目标达成率。新招聘的人数除以目标人数。一个无法达到招聘目标达成率的公司应该找到自身的瓶颈，问题可能在招聘渠道上，也有可能是在招聘速度上。

在面试过程中，招聘者和公司之间的良性互动是使以上各指标达到预期的最基本的要求。在面试中，招聘经理和招聘者需要确认两件事情：

首先，这个岗位在 30 天内需要完成的任务。在了解了这些任务之后，招聘者就可以提取出这项工作所必需的技能。比如，一个数据工程师的岗位要求工程师熟悉掌握数据分析软件。

其次是这项工作的长远目标。一项工作的长远目标能够展现工作者的特质和价值。数据分析工作可能除了软件熟练度、分析能力，之外还要求工作者具备为整个团队的发展需要而学习新技术的能力，以及将复杂数据简化至能够理解的能力。这样，谈话结束后，招聘团队就可以了解到什么样的候选人是符合标准的，然后就能成功地进行岗位描述，快速地进行招聘流程并超越预期目标。

根据这 5 个战略性的指标，我们可以形成一个简单的记分表来帮助创业公司的管理团队衡量一个公司每一季度的招聘投入。大家可以考虑在自己的创业公司中如何更好地使用它们。

03

引入人才的关键——面试

面试，是人员招募过程中一个非常重要的环节。30 到 60 分钟的对话，就可能决定这个人未来是否可以加入团队，一起共事。在这短短的一个小时时间里，如何能够准确判断面试者是否适合公司；如何能确保这个人可以招得进来，并且可以留得下；如何提升人才辨别的准确率，真正找到合适的人才，这些是本章要探讨的内容。

招聘流程决定面试效果

想要招聘取得应有的效果,我们就需要在过程中进行把控。下面是一家世界级的互联网公司的面试流程,我们可以一起看一下,过程中有哪些值得借鉴的地方:

整个招聘的流程可以细分为4个阶段,分别是介绍、提问、候选人提问和感谢。这4个环节在时间上也有严格的要求,如果是一场60分钟的面试,那这4个环节分别占据的时间是7分钟、40分钟、8分钟和5分钟。

第一个阶段,HR需要营造出一种比较职业的氛围,给候选人留下良好的印象,并且简要的自我介绍和介绍你的团队以及你们在做的事情。这个阶段的目的,是希望能够让候选人进入一个比较舒适的状态,不至于过于紧张,给后面的应答奠定基础。

第二个阶段是提问的阶段,这个阶段占据了整个面试过程的主要环节。问题的开头非常关键,在整个问题的开头,要有一个与行为相关的问题,或者与经验相关的问题,因为一个破冰的问题放在提问开头,候选人更容易回答。在提问的过程当中要考虑到整个问题的先后逻辑,以及多加入一些互动,充分挖掘出面试者的真实水准。

第三阶段，是给予候选人真诚的提问机会，很多时候我们会忽略这个环节。这个阶段最重要的价值在于显示雇主对候选人的充分尊重，并且从候选人的提问中，其实也能反映出他对这个工作的看法。从问题当中可以看出他关心的是什么，他关心的是工作本身，还是关心个人的条件。面试时最怕的一种就是没有任何问题的面试者。没有问题的面试者，不代表满意，而是他对这个工作的在意程度和关心程度是有限的。

最后一个阶段是感谢，就是表达一下招聘者本人为什么喜欢在这家公司服务。同时表达一下面试者的能力是团队所需要的，这样能让候选人知道自己的价值所在。

面试官需要把握面试中的每一个行为细节并严格遵守。通过严苛的标准化流程，我们可以准确判断候选人是否符合团队的标准。事实上，对于面试者来说，这家公司的环境，面试官的行事风格、表达方式就是公司给他的第一印象，也是他判断是否要加入这个公司的重要依据。所以，我们需要在面试的形式、内容、风格上，都处处体现对候选人最在乎的事务的重视，这将进一步坚定他们加入公司的决心。

要想有高质量的招聘，就要有高标准的面试流程

一、介绍	二、提问	三、候选人提问	四、感谢与推荐
2/5/7 分钟	20/32/40 分钟	5/5/8 分钟	3/3/5 分钟
· 准时出现。 · 问候人是否需要饮料、小吃或者使用洗手间。 · 面向候选人，双腿弯曲90度正坐。 · 介绍你自己和你的团队。 · 在面试前提及你有记笔记的习惯。	· 以一个与行为相关的问题或者经验相关的问题开始。 · 提问。 · 在面试过程中，保持沟通的流畅性。 · 设计问题框架时，使候选人能够知道你需要什么。 · 灵活地进行深入了解，继续或者切换话题。 · 注意你的时间。 · 与候选人互动（眼神交流、点头等）。	· 谦虚（在整个面试中保持谦虚）。 · 给予真实的回答，让候选人对团队或者角色有所感受。	· 强调你喜欢在本公司工作的原因。 · 试着表达候选人的技能与兴趣将如何与本公司的工作契合（他们需要能够想象在那里工作的样子）。 · 感谢候选人。

※ 对应面试时间分别为 30/45/60 分钟

表 3-1 高标准的面试流程

另外有个小贴士，也能比较准确地判断面试结果，这就是 20/40 法则。这是一个很有趣的法则，就是说当你在面试一个员工时，面试的总时长如果不超过 20 分钟，录用这位面试者的可能性其实很小。但是如果这个候选人面试时间超过了 40 分钟，那录用他的概率就会很高。如果面试官连 20 分钟都不想和候选人共处，这个人未来一定不适合这家公司。

因岗设人还是因人设岗

我们在招人过程参考的另一个选人标准材料是大家都熟知的岗位说明书（JD）。岗位说明书是对一个岗位的精确描述，包括这个岗位所需要完成的工作职责，以及候选人的能力要求。在过去很长一段时间里，说明书都是我们在招募人才、发布招募广告的时候所需要的材料。

过去很长一段时间，我们招人的原则是因岗设人。即首先确定公司的发展战略，再由发展战略决定我们的组织，组织决定着我们的流程和需要的岗位。我们根据这个岗位的需要发布岗位说明书。然后根据岗位说明去选择符合这个岗位要求的人。因岗设人的方式本质是一种填空的方式。

但这几年，我们看到了越来越多新的情况。我有一次在阿里旗下的一家公司做辅导，和公司的管理层以及人力资源部都沟通过。有一个用人部门的老总提出："我们最近有一个新业务在招一个人，人力资源部让我们写了这个岗位的职务说明书开始招聘，但这个人我们找了大半年了，还是没找到合适的。其中的困惑在于，首先，让我们写岗位说明书的时候，我们把握不准，因为这个角色要求的素质是多维的，是需要跨界的能力经验。而人力资源部推荐过来的人选，我们一接触就感觉不是很合适，所以很困扰。"

类似的问题并不是个案，这样的情况很多公司都会存在。人们很难精准定义一个岗位的职责和能力要求，不确定的内容大于确定的内容。我们关注更多的是应聘者明天的表现，而不是过去。这个时候我们用一个既定的岗位职责去套用，岗位说明书写的可能是过去的岗位说明；另一方面，写岗位说明书的人对未来这个岗位可能的发展和要求无法完全地判断准确。

因岗设人的方式在过去是可行的，因为以前各个行业和工作的发展变化并不是很明显。但在今天，行业变化速度加快，不确定性增加，岗位本身会存在很大的灵活边界，它的空间也会无限的延伸。所以这个时候，我们需要考虑一种新的用人思路，就是因人设岗。

因人设岗的出发点在于我们给予人才和岗位更大的弹性空间，这个时候我们的关注点就更需要放在"人"上面，可能新员工并不能完全填满我们需要的职责内容，但是他们身上的某些特质是超越普通人的，是公司需要的，并且在未来可以开辟一片新天地。这些人才给公司带来的价值绝不仅仅是将一个位置填满，而是在未来可以独自创造一个新的平台，带来新的业务，绘出一幅新的图画。

因人设岗，是在新时代我们需要的一种新的用人观。

创业公司的面试主要看什么？面试官在任何一个面试的过程中，随时都在捕捉候选人的一些信息，并且以这些信息作为自己判断的依据，进而决定是否给这位候选人 offer。这些信息的来源包括候选人的简历、与面试官的沟通。也许每一个面试都会有差异，因为每个人都有差异；也许每个岗位的要求都有所不同，但是一个合格的面试官在做出选择的时候，他一定正在将下面这些捕捉到的因素放入大脑进行判断。

第一类因素：经验

第一类需要把握的信息是候选人过往的工作经验和能力。面试官可以在对候选人的简历审阅的过程中和与候选人的沟通交流中，衡量他们过去的经验和能力，并判断他们的经验和能力跟目前所招募的岗位是否匹配。

第二类信息：学习能力

第二类信息是衡量候选人的成长性，即候选人是否聪明，是否具备学习能力。当候选人确定加入公司并从事一些新的行业或者领域的时候，他能否快速适应、学习和成长，这是一个合格的、优秀的面试官会考察候选人的第二个方面的能力。这对于那些所处的行业发展速度比较快的公司，尤为重要。未来都是未知的，一名好的员工需要具备对未来的适应和创新能力。

第三类信息：文化契合度

第三类信息是候选人的文化价值观跟招聘团队的契合程度。这一点可能很多面试官都会忽略。但是，我想提醒大家的是，这方面的作用现在显得越来越重要。特别是当职场人群以"90后"或者"00后"为代表时，这种契合度有时候甚至会超越工作内容本身。

面试过程，看人要看什么？

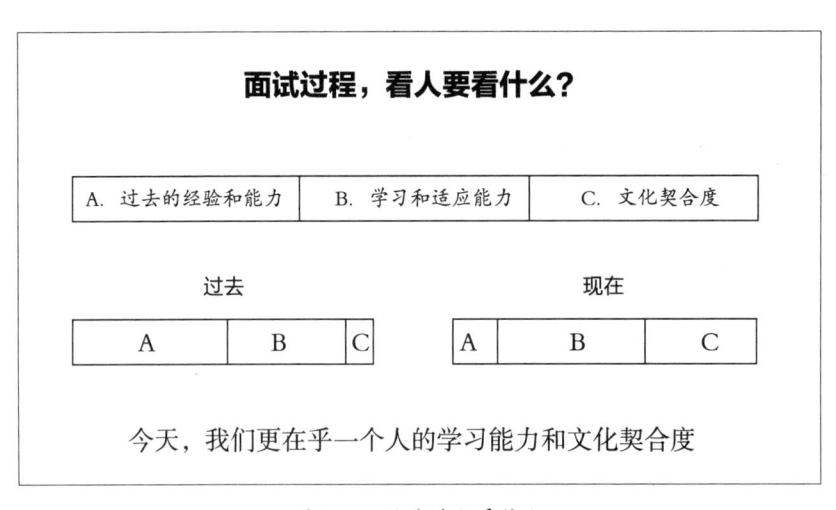

| A. 过去的经验和能力 | B. 学习和适应能力 | C. 文化契合度 |

过去　　　　　　　　　　　现在

| A | B | C |　　　| A | B | C |

今天，我们更在乎一个人的学习能力和文化契合度

图 3-1　面试过程看什么

任何一个面试官在面试候选人的过程当中，都是从这 3 个不同的方面和内

容去捕捉信息，并以此作为自己用人决策的依据。可能在过去的面试过程中，大家并不会有意识地这么做，但或多或少都是在做相同的事情。因为这些信息是一个合格的面试官决定是否要招募这个候选人的重要依据。

我们通过前文了解了面试需要考察的3个方面，即经验能力、学习和适应能力，以及跟团队文化的契合度。但事实上，这3个大的模块之间的比例并不是完全均等的。而且，随着时间、行业、公司的变化，这3个部分的比例也会发生相应的变化。

在20世纪80年代到90年代期间，企业在招人的时候最看重的一点是经验。面试的过程中一定会关注这个候选人在这个职位上有没有经验。我们之所以这么看重经验，是因为在20世纪产业、行业的变化是比较缓慢的，一个工种或者一个岗位的工作内容可能在3到5年甚至5到10年都不会发生变化。如果面试者在之前那家公司做过这份工作，那就意味着他在新的公司里做同样的工作时一样可以得心应手。所以，面试官会赋予候选人工作经验的关注度比重会达到70%甚至更高。

那么相对地，面试官对第二方面学习能力的关注比例可能相对比较少，仅有30%到40%。至于文化契合度，我们则关注的就更少了，因为在过去，个体是完全依附于组织和企业的，人们都具有很高的敬业度和职业尊崇度。

今天，随着时代的进步和互联网等高科技的飞速发展，这3个比重也在相应地变化。第一个明显的变化就是：第一个模块"经验"的价值在降低。虽然经验在这个时代同样十分重要，但是它在 3 个模块之中的比重却明显降低了。这是因为企业本身随着自身的发展势必发生各种变化，甚至这个企业本身有可能就是一个旨在创新的企业，或是一个崭新的创业企业。

所以，富有经验的候选人进入企业后，随着新的产品和新的业务的出现，他势必将处于一个新的环境。这导致他过去的经验可能仅在一段有限的时间里有效，因此经验能够发挥作用的地方也变得有所局限。尽管经验还是有一定的重要性，但它的重要性却大打折扣，它所占的比重可能从过去的 70% 降到了今天的 40% 到 50%。

与此相对应，第二个模块"学习能力"的地位自然得到了提升。因为我们每天都在面对不断更新的行业和领域，我们在招人时必须考察候选人有没有优秀的学习能力，有没有不断掌握新技术和新知识的能力。以人工智能为例，人工智能时代要求人们不断地接触最前沿的技术，不断地提升和改进思想，所以持续学习的能力是必须要具备的。

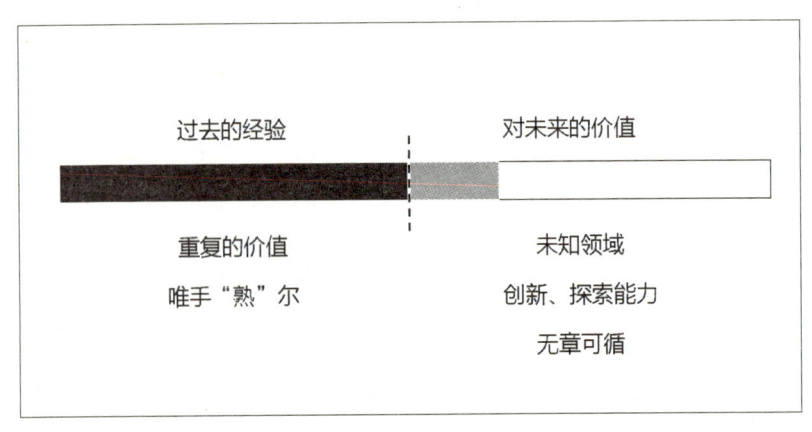

图 3-2　在 VUCA 时代，学习能力比经验更重要

第三模块"跟团队文化的契合度"的比重也在增加。企业更关注候选人和公司价值观的契合程度。而个体，特别是90后人群会很在乎自己对这份工作的兴趣，自己和公司的文化价值观是不是契合。如果二者完美契合，那么他会在公司承担更多的工作并充满激情地付出和奉献。但如果二者相抵触，他们则可能不会在这个公司有更多的作为。

除了行业和时间的差别之外，面试官针对不同层级的候选人，面试过程中对这3个因素的关注比例也会有所不同。对于基层的员工，能力经验的比例需要关注，学习能力同样也很重要；而对于高层来说，通常经验和能力都不会存在大问题，因为这么多年的职业经历，确保了能力在一定水准之上，但是团队文化契合度就显得非常非常重要。这也是我们看到很多企业在招募了能力非常突出的高管后，他们却发挥不了价值，很快就离职的原因。

因为这是决定大家未来一起工作是否融洽，是否能够持续推进的一个非常重要的因素。人和人之间是存在气场相互作用的，人和团队之间也存在气场相互作用。因此，在招募新人的时候，面试官必须要判断候选人身上的文化和价值观是否跟所在团队相契合，是否能够给团队带来正能量，或者相反地，他的价值观对团队原有的文化甚至是有冲击的。

因此，现在的面试中有很多东西我们是看不见的。在以前，我们可以通过很多表现直观地感受候选人是否适合我们的工作，比如通过候选人过去工作领域、行业，以及通过对他专业技能的考察。但在今天，很多内容我们并不能直观地观察到，比如候选人的文化背景、他所认同的价值观，以及他和团队之间的化学反应。但往往这些元素在今天是具有更大的意义和价值的。这就要求我们的面试官更有效地去捕捉这方面的因素。一旦我们忽略了这些因素，即使候选人加入了公司，也可能因为各种原因很快地离开公司。

那在面试过程中，我们如何在半小时到一个小时的时间里看出候选人的真实水平呢？下面给大家介绍一些有效的方法和技巧。

检测应聘者真实水平的小技巧

在上一节我们了解到，在选择一个人加入团队的时候，我们会看经验、学习能力和团队文化契合度三个方面。但是如何能够判断准确呢？接下来，我就会用一些具体的方法告诉大家如何提高判断力，以及如何检测一个人的真实水平。

一、员工的能力、经验是否真实

对于员工能力的好坏，我们比较常用的方法就是面谈沟通。一方面在面试官的选择上需要注意，通常人力资源部的同事和具体业务部门的主管都需要进行面试。候选人的能力高低和团队破例度是需要用人部门的主管才能判断出来的。对于能力的把握，有时候我们会遇到候选人在面试过程中，回答和表现都挺不错，但是到岗后却发现其能力和我们预期的有很大差距的情况。

如何减少类似情况的出现，给大家一个建议，在向面试者提问的时候，我们要多问几层，并向深处探索、询问，以判断这个人对这件事情的认知是浮于表面,还是真正经历过或从事过这项工作。

举一个简单的例子,比如我们要招募一个市场人员,一般的面试官都会问类似于"请你谈一谈某个你操作过的或者负责过的市场项目的情况"这种问题。一般的候选人回答这个问题肯定都是没有困难的,因为他们可以通过精心的准备,描述得很好。这个问题过后,很多的面试官就会认为他确实做过这件事情,而且能力应该还不错。但是,若仅仅通过这一个问题就得出结论,面试官对面试者的判断是不太准确的。

在这个问题上,我建议大家再问第二层问题,也就是在问题的深度上更进一步。第二层问题的典型例子是询问面试者在执行这个活动的过程中遇到了哪些问题。真正做过这件事情的人和没做过的人,对于问题的陈述肯定是不一样的。这是因为没有做过这件事情的人看到的都是事件交付成功后的结果,对于遇到的问题他们很难去把握或者描述。而负责过的人就可以陈述出更多的问题。因此,第二层问题就可以帮助我们把握住这个人是否真正地从事过这项工作。

接下来我们可以再问更深一层的问题,比如:"请问你在面对遇到的这几个问题是怎么处理的?请你告诉我你当时的处理方法。"如果他是一个有素养或者真正有能力的人,他就应该能够清晰地陈述出他解决这些问题的过程,并且通过他的东西努力达到了良好的效果。我们通过这三层问题,就能够明显判断出候选人之间的不同点。

多问几层问题,是我们对候选人专业能力考察过程中,要注意的第一个方面。

除此之外，我们还可以用到一些其他的小方法。比如，在招募一个技术人员的时候，我们可以让面试者去写一段代码，以此看出他编写代码的水准。再比如，我们在招募一些中高层人士的时候，不妨布置一个作业。提出一个开放式的问题，让候选人回去稍加准备，然后下次见面时在半小时的时间里用PPT把这项任务的成果跟团队的成员分享一下。这半个小时其实就是这个候选人对这项任务的认知，也是他过去这些年专业素养和能力的浓缩。这就便于面试官把握这个人的能力水准，是考虑是否录用的重要依据。

二、候选人的学习能力

学习能力，往往是在入职后才能展现出来的，这有些不易衡量。那么我们应该如何通过面试来了解呢？举一个简单的例子，我的一个客户的团队要面试一位新媒体相关的人员，我建议他在面试候选人的专业技能时询问候选人会不会做一些视频的编辑与制作。这位候选人过去只是做公众号的编辑工作，所以他表示并不会做视频的剪辑和制作。

这个时候，面试官有两种选择，一种是既然对方不会做，那就算了；另外一种就是布置这样一个作业，要求他下一个星期现场编辑制作一段视频让面试官看一下。在现在这个信息发达的社会，一个人学习的方式其实非常多。他完全可以通过百度或者谷歌搜寻自学课程来掌握视频编辑的技能。如果下个星期在交付的时候，他已经能够熟练掌握这项技能，我们就可以判断出这个人的学习意愿和学习能力怎么样了。

当然上述方法是对于自媒体这样一个岗位来说的。对于其他岗位，面试官可以针对岗位设计一些通过学习可以掌握的技能，以此来衡量候选人的学习能力。比如说招一个开发人员，那让他写一段代码就是最直接的方式了。

举例：面试中如何检测学习能力和价值观

学习能力

· 让候选人做一件事情，他过去没做过，临时布置

价值观：客户至上

· 发现一个问题，你是向客户直接说明解释，还是不告诉客户，慢慢把他修改好。这个产品在客户使用过程会出现问题，但客户不一定发现。

图 3-3　面试中如何检测学习能力和价值观

三、判断候选人的文化价值观

对于文化价值观的判断，就显得更抽象了，除了通过沟通来把握人和人之间的观点以及化学反应之外，我们也可以通过一些测试题来考察。比如，我们很在乎员工的诚信，那么我们可以问类似这样的一些问题：如果你是公司的一名销售人员，你向客户销售了一套软件，正要签约的当天，公司的技术部门告诉你，现在这个版本有一些漏洞，需要升级，这时候你该如何选择。如果你告诉客户这个情况，可能客户就不会签约，这直接影响你当月的业绩。如果你不告诉客户，客户可能不知道，也有可能通过其他途径知道，这样会对公司产生不好的印象。这时候候选员工的选择就是他们的价值观在起作用。

用类似的一些小案例，就可以洞悉出候选人和我们公司的价值取向到底是

不是契合。

以上方法都是我们可以在现实生活中实际操作和运用的，这些方法将有利于在面试的过程中将这半个小时或者一个小时的价值最大化，能够让面试官更高效地去辨别人才，进而找到合适的人才。

当然，我们可以使用的方法不止这些，面试官可以根据公司的实际情况，设计更多有效的判别候选人的方法。当然，市场上也有一些人员的测评软件，可以让我们从更全面的角度来判断一个人。

面试之后，有时候会碰到面试官在候选人中举棋不定、很难判断的情况，他们在上述能力上也难分伯仲，各方面都无从判断优劣，这时候还是尽量雇佣聪明的。智商是未来可以产生高绩效的基础。因为更聪明的候选人可以快速适应新的环境，可以进一步提高自己的学习能力，可以快速应对新的局势和需求，所以具有较大的潜力。

牢牢把握住应聘者的心

我们在前面一章讲过，在吸引人才的时候，有一个"3S"的原则，其中第三个S是分享价值，就是把握住候选人在乎的东西，然后给予他。

面试是一个双向选择的过程，我们在审视人才的时候，人才也在审视我们。他们会考虑我们能够带给他们什么，他们会对我们产生一定合理的期待，比如薪金、工作环境、工作待遇、层级结构、时间安排等。那我们必须把握住他们真正看重的东西,把握住他们最迫切想要得到的东西,并且投其所好。

每个人的需求可能各有特点,这里我们从年代的维度来区分辨别。事实上,每一代人因为生活环境、成长经历的不同,对工作的期待也是不同的。国际人力资源公司翰威特做过一个研究报告,报告展示了"60后""70后""80后""90后"4个不同年代的人群对职业的不同诉求。报告中特别列出了他们对于职业的最迫切的诉求。通过对前3名诉求之间的不同比较和分析,我们就能够判断出他们对于价值关注的差别之处,结果是非常有趣的,我们可以看一下:

60后	70后	80后	90后
雇主品牌	雇主品牌	薪酬与认可	雇主品牌
高层领导	职业发展	雇主品牌	薪酬与认可
薪酬与认可	生活工作平衡	职业发展	工作内容

图 3-2 "60后""70后""80后""90后"职业诉求前3名

首先在"60后"的前3个关注点之中,有一个关注点非常特别,是其他所有的年龄层都没有的,那就是"60后"的人比较在乎高层领导。这表明生于上世纪60年代之后的人往往很在乎上下级的关系,很在乎工作的忠诚度。因此,他们很在乎自己的领导是谁,领导的风格是什么,自己是否能够与领导和谐融洽地相处。

而"70后"关注的3个点里面也有一个是其他年代的人所没有的,就是生活和工作的平衡。

究其原因，是因为"70后"的人正好属于上有老、下有小的这个阶段。对于他们来说，工作之余还要兼顾各自的家庭生活。我认识的一个 CEO 曾经跟我分享说："我在招人这方面还是有一些心得和经验的，我跟很多小学、中学甚至一些幼儿园的校长建立了很好的关系。所以当我在挖掘、吸引优秀的 70 后人才的时候，我会告诉他们，只要你加入我们的团队，你家孩子的教育问题，我会帮你去解决。事实上这个因素在我挖掘很多人才时起到了非常好的催化作用。"因为这正是许多职场人士最关心的问题，他们对于子女教育问题的关注，甚至超过了对职业的考虑。

对于"80后"来说，他们最关注的点是什么？那就是薪酬与认可。因为 80 后正处于一个资本或者财富的积累过程，他们希望有比较高的薪酬水平，拥有从容偿还房贷或者车贷的能力。从年龄上来看，他们还有可以拼的资本。同时，他们在乎公司的认可，这样可以体现他们的价值，同时也是职业晋升的基础。因此，当面试官和"80后"的应聘者沟通时，在薪酬架构上要考虑充分，要能给他们一定程度的加薪。

现在，"90后"已经步入职场了。那年轻一代到底在乎什么呢？"90后"的其中一个关注点也是很特别的，那就是工作内容。他们非常在乎自己对工作的热情，非常在乎自己对工作是否有兴趣。如果他们对这件事情有浓厚的兴趣，那么他们可能会做得非常好；但如果他们没有兴趣，即使有相应的能力，也可能会表现得不尽如人意。所以针对这种类型的人群，我们需要挖掘出工作中的闪光点。有一些公司甚至在管理过程中运用游戏化的管理和激励方式，用这样的趣味性来激发年轻员工的活力。

如何谈薪酬才是真省钱

薪酬是在招募团队成员过程中一定会沟通的内容，也是非常重要的内容，有时候薪酬就可能成为决定应聘者和招聘者是否能够合作的最后一击。在薪酬方面，需要关注的点包括：

一、薪酬结构

对于创业公司来说，薪酬的成本一定是需要控制的。如果既要控制薪酬成本，又希望吸引员工，在薪酬结构上一定要合理设计，不能让员工仅仅关注到手的实际金额。合理的薪酬结构一定是一个组合，包括基本薪酬、奖金、优厚的福利体系，还有创业公司的杀手锏——期权。一个好的薪酬组合包，让员工感知到整体的价值感很重要。

二、薪酬横向水准

我们在决定员工的工资时，不是拍脑袋决定的。需要遵循一定的市场标准，把控适当的薪酬标准，员工不会觉得与市场水准差太远，雇主也不会付出太多。这样的标准就是行业的薪酬报告。一般来说，创业公司如果可以达到市场平均水准的 75 分位数就足够了。

分类	职位	实际总现金薪酬			
		平均值	P25	P50	P75
产品管理类	M3	566,854	459,560	522,500	624,635
	M2	401,552	280,980	394,000	452,441
	M1	203,460	185,447	186,650	211,655
	P4	410,218	323,000	387,600	470,100
	P3	254,656	212,400	261,908	324,202
	P2	186,693	143,000	178,500	212,400
	P1	113,172	84,000	105,318	129,050
运营管理类	M3	523,868	416,657	473,078	600,600
	M2	347,109	277,760	324,000	400,800
	M1	196,007	143,000	183,900	238,800
	P4	341,818	285,758	324,000	396,000
	P3	213,468	168,814	196,000	254,394
	P2	140,574	104,000	130,000	164,000
	P1	97,609	76,561	90,000	104,222

图 3-3 薪酬的 75 分位数

那第三个关于在招募阶段和薪酬相关的话题就是薪酬的沟通了。下面是候选人在薪酬谈判过程中经常遇到的情况，我们一起来看看两个案例。

第一个情形是，有一个设计师岗位，这个岗位的工资区间是 8000 元到 1 万元。然而这时候来了一个能力很强的人，他对薪酬的要价也很高，大概在 1.3 万元到 1.4 万元的区间内。面试官可能会觉得这个人的薪酬要价太高，公司没有办法接受。那这个应聘者肯定不在面试官的考虑范畴之内了。这个时候，我想给大家的建议是，不要断然拒绝，给自己一点思考的空间。因为，今天人和人之间的差距也许不是简单的叠加差距。Facebook 的 CEO 扎克伯格说过，一个优秀的工程师带来的价值有时候会超过 50 个普通的工程师。所以这时候，这笔账就可能不是这样算了，如果这个薪酬 1.4 万元的人带来的价值是薪酬 8000 元的人的 5 倍，甚至 10 倍，那么这个交易，其实公司是省钱了。这观点背后的含义是：给员工以平均的薪酬，看似我们节省了工资支出，但其实并不一定是真的省钱。

第二个经常出现的情形是，面试官在沟通薪酬时，喜欢去试探对方的底线。比如说某个岗位，工资区间是 6000 元到 8000 元，而一个面试人表示自己的期望工资是 6500 元，这时如果面试官觉得他这个人是符合录用标准的，为了节约成本，就会问对方："那我们给你 6000 元，你可以接受吗？"这个问题看似很随意，但对应聘者的内心却会产生很大的影响。他害怕如果自己不同意，可能就失去了这个工作。但他若是同意，确实离他的心里预期有点远。面试官无形中把他放到了一个两难的境地。这时候他接受了，加入了公司，面试官看似为公司节节约了 500 元，但员工的心态会转变，并不是忠诚于公司的，他可能随时在看外面的机会。这时候如果面试官认为这个人不错的话，相反，我的建议是可以给他期望的 6500 元甚至更高的某个薪金，比如 6600 元或者 6700 元。其实这稍微高出来的部分能够让这个人对于这个岗位和公司完全地信任，进而创造更多的价值，这可不是区区一两百块钱所能够带来的。这是在招聘时和应聘者谈薪酬的时候要注意的第二点，如果团队想要留下他，就不要试探对方的底线。

04

长期激励法——激励自驱型员工的最有效方式

经常会听到创业公司 CEO 说,员工的积极性不够,怎么激发员工的积极性?在这个问题上,创始人需要做的事情是要找到员工的激励点,然后用最有效的方式去激发他们。从员工类型分,有自驱型员工和任务型员工,自驱型员工对公司的愿景、目标和价值观非常认同。他们积极思考,主动承担,推动公司前进。

自驱型人才的激励点来自对于公司所做的事情的认同,宏观来说是来自公司的愿景,微观来说是对这个团队做的这件事情的热情。所以对于这样的员工来说,我们需要有清晰的、令人振奋的愿景和目标。同时,用长期激励的方式将他们的付出与公司的成长绑定。这一章将向大家介绍如何对自驱型人才进行激励。

梦想还是要有的——愿景的意义

愿景对于一个公司是非常重要的,但现实中,我们往往会忽略其重要性。创业公司在愿景方面会出现两种情形:

情形一:愿景不清

有时候,在一家创业公司,当管理者询问公司的员工:我们公司的愿景是什么?得到的答案可能是五花八门的,甚至还会有人根本不知道公司愿景是什么。愿景是组织存在的基础,是我们每天努力的方向,如果大家连这点都不清楚,那我们做的很多事情可能都是无效的。只有当一个公司的所有人都对公司的愿景有清晰、统一的认知的时候,这个公司做的事情才是有价值和有意义的。

情形二:怀疑

这种情形是这样发生的:管理者经常会和员工描述公司的愿景,员工都很清楚公司的愿景。但是,员工私底下都觉得管理者在夸夸其谈,觉得管理者是讲空话,在吹牛。这种情况产生的原因是,在大多数时间里,管理者只是空谈,只是口头上讲愿景,而没有把公司的战略、组织的行为和公司的愿景关联起来。这样员工是感受不到做的事情与愿景的关系的。所以,他们就会觉得管理者只是在画饼充饥、望梅止渴。

另外，也有可能是因为公司的业务并没有朝着期待的方向发展，管理者也没有用一个个小的里程碑来庆祝团队取得的进步。这就导致了员工认为愿景没什么用，愿景和实际执行是两码事，愿景就成了一个装饰、一个无力的旗帜。

但事实上，愿景的作用是至关重要的。我们看看愿景对于一个企业的价值：

第一，让集体有方向。

谷歌创始人曾说过："拥有宏大、美丽的共同愿景对于团队的成功至关重要，因为它可以让所有人保持专注并朝着同一个方向前进。否则，团队会因为没有远见、缺乏重点和动力匮乏而遭遇重大挫折。"

第二，让个体不掉队。

一个清晰的愿景意味着团队中的每个人都知道他们要面临怎样的未来，这将有助于他们判断自己是否在正轨上前进，还是需要调整方向。

第三，做出正确选择。

明确的愿景可以帮助团队进行权衡和事项排优。在沟通决策时，管理者也应该与愿景紧密联系，以达到最优的效果。

但是仅仅有愿景还不够，创始人和管理者需要有效地将这个愿景传达给团队。这要求优秀的管理者在愿景传达上，无论是口头还是书面，都力求做到清楚、简洁和诚实。要做一个好的传播者就意味着同时要成为一个忠实的倾听者。应当鼓励管理人员为他们的团队提供服务，鼓励公开对话和诚实的反馈，即使组织面临困难也不动摇。

在愿景的下面,如果要避免我们前面说的第二个情形出现,我们需要将愿景和下面这些内容关联起来:

核心价值观:描述了团队深层次的信念,这将成为团队的目的和使命的源泉。

目的:是团队存在的原因,决定了团队如何影响组织。

任务:描述了团队正在努力实现的目标。

战略:团队如何计划并实现使命,它可以是长期的。

目标:将战略分解为短期的、可实现的目标,协调团队的步调,共同为长期目标助力。

价值观、目标、使命和战略共同构成了团队的愿景基础,共同决定了团队存在的意义,团队努力实现短期和长期目标,以及实现的具体路径。

关于创业公司如何确定自己的愿景,这里给大家提供一个具体的方法,可以遵照执行。

一、召集一次研讨会

进行一次团队讨论。由管理者主导的团队会议,共同制定公司的愿景。这次讨论旨在帮助团队了解愿景的重要性,阐明推动工作的核心价值观、目的、使命和策略,以及实现这一目标的具体路径和步骤。需要注意的是,会议的重点是为了促进小组讨论和团队活动，而不是仅仅播放幻灯片。

二、倾听并反思

在会议过程中倾听和反思团队成员的反馈，这可以帮助管理者更有效地沟通，使得团队成员更好地理解公司的愿景。

三、给团队成员提供反馈

提供反馈对于一个好的管理者来说是最重要的，也是最具挑战的职责之一。管理人员在向其成员提供反馈时需要考虑以下几点：

1. 提供高质量的反馈。

管理者要时常问自己："我是否给每个团队成员提供同样质量的反馈？我是否也同样了解每个团队成员的任务进程？"

2. 使用一致的标准。

管理者要时常问问自己："我是否已经为我的团队成员列出了任务的预期结果？我是否为团队中的每个人定义了任务成功的标准？"在评估团队成员时使用明确的标准就会给人一种公平感。当你判断团队成员的表现或人际交往能力时，你应该设想自己是团队中的其他人，这样你就会对他人的行为有一个准确和有效的评估。你需要注意潜意识偏见，并坚持应用一致的、明确的标准。

3. 不要基于假设进行过滤。

管理者要问问自己："我有时候会被自己的假设影响信息的传达吗？"例如，

你可能会因为某个员工家里有孩子需要抚养，就不给他安排很多需要出外勤的工作，这就是假设左右了决定。不要让假设阻碍为其他人提供的机会，你应该把这个机会公平地发布给团队，让团队成员自己对这个机会进行取舍和抉择。不要假设一个人无法应付某项任务，因为假设是基于潜意识的，对某一特定群体的刻板印象，这就会影响信息传达的效率，而我们最关注的就是要保持沟通和消息传递的一致性。

4. 确保对方明白自己的意思。

管理者需要经常问自己："我是否确信自己的信息被别人准确地理解？"管理者和信息受众之间的差异越大，信息传达就越有可能失真，因为这些信息可能会经过来自不同文化、背景的人的假设和过滤，因此很有可能最终的效果根本不是你所期待的那样。如果有必要的话，你应该听听团队成员的复述，并澄清相关的误解。

长期激励的各种方式

对于自驱型员工，除了用愿景和梦想驱动他们之外，结合长期激励的方式将更加有效。因为人在职场本就是经济型的，人们的行为一定要和经济利益挂钩，这是人们生存的需要。而我们也一定要满足人们的这种需求。

长期激励的设计一方面起到了对员工激励的作用，让他们感觉到自己可以跟公司一起发展，一起成长；另一方面，我们又能够对员工有一些约束，让他们认识到只有为公司做出了一定时间的付出、创造出一定价值以后，他才能够获得应有的收益。这就是我们在薪酬设计的过程中，除了基础的工资、奖金之外，可以使用期权制度，这确实是一个比较有效的、让员工可以随着公司长期发展的制度。

关于长期激励，有很多种的形式，比较常见的有限制性股权、期权。

限制性股权

其中，股权大多是"限制性股权"，即股权不会立刻分配给员工，只有员工实现一定的目标，比如在公司就职一定的年限或业绩达到一定程度后，才会分配给员工。

期权激励

国内现在大多数公司，包括美国硅谷的大多数公司，更多使用的奖励方式是期权，即 option。我们简单介绍一下期权的概念，期权里面有一个"权"字，就是说期权其实是一个权利，而不是公司的实际股份。这个权利是允许员工在未来某一个时间点，以一定价格买入公司一定数量的股份。这就是期权，即未来的权利。

比如一个期权允许员工以 1 块钱的价格购买公司的股票，如果员工执行这个权利并购买 1 万股股票，那每股的价格就是 1 块钱，1 万股的总成本就是 1 万元。按照期权规定购买股票的行为叫作行权。行权的一个要求就是，期权必须是成熟的，持有人才可以行权。期权都有一个成熟期，持有人必须等期权成熟了，才可以行权。比如期权允许员工 3 年之后以 1 元价格购买一股股票，3 年后员工行权，以 1 万元的价格购买了 1 万股，而这时候股票的市场价格是 5 元一股，那市场价格和行权价格之间的价格差，就是该员工的收益。这是我们关于期权的一个简单介绍。

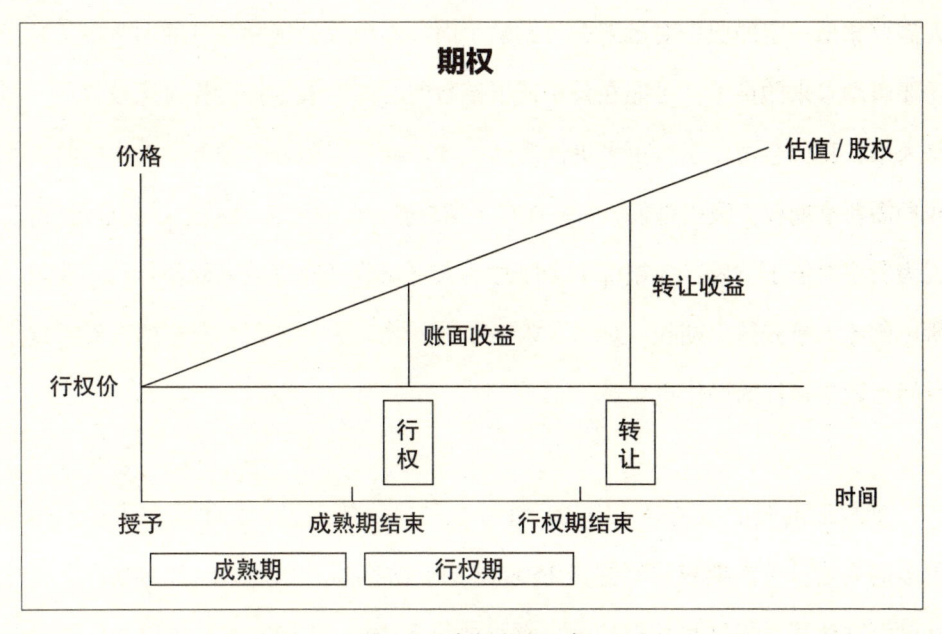

图 4-1　期权激励方式

期权激励的那些事

设计期权的时间

期权设立的时间点也是需要注意的。我们不需要在公司刚刚成立的时候就做期权计划，因为这个时候公司的实际人数非常少，做期权计划的意义并不大。往往我们开始引入风险投资时，或者公司员工的人数达到了 20 个人甚至 20 人以上了，我们就可以开始做期权计划了。

而且一般来说，投资人进入一家公司的时候，他一定会对管理者提出期权计划的要求，把期权池的建立当作他投入资金的条件之一。因为从投资人的角度来说，他认为一个公司的成长一定是靠团队的成长，所以这个公司创始人和合伙人需要拿出一定的股份对员工进行激励。而且不单单是激励已有的团队员工，还需要激励未来的员工。可能在公司还很稚嫩的时候，人才资质相对比较普通。但是未来，我们会需要引入更多更优秀的人才。在吸引职业经理人、大牛的时候，我们需要拿期权去吸引他们，如果现在不留好这个空间，未来就很难能拿出股权，因为股票增值了以后，大家都不会愿意他人再来分享股权或来稀释自己的股权。所以创始人事先留出期权，是为了未来吸引人才，为了公司更长远的发展，这个时间点就是最佳的操作机会。

期权池的股份也是有一定的行业标准的。一般来说，如果公司未来想吸引更多的人才，可能期权池要留出 15% 到 20% 的空间。如果这间公司基本上人才都已经到位了，发展也比较传统，那可能留下 10% 到 15% 也是可以的。所以一般来说，期权池占据 10% 到 20% 的比例是比较合适的。通常我们取一个折中的比例，也就是 15% 的比例来设计期权池。

拆股让期权变得更诱人

期权有两种不同的发放形式。一种是按照总股本的比例分发给员工，比如把公司的总股本的 15% 发放给员工；还有一种是按照股数来发放，比如说发放给员工 10 万股的期权。

在直观的感受上，后一种方式会让员工感觉数值比较大。1% 听上去感觉很少,但是10万股或者100万股,就好像会很大。这里面就牵涉到一个折股的概念,就是说我们可能给员工的期权是总股本的1%,但是折算成具体的股数,可能就是100万股。

比如,我们有100万元人民币注册资本。这100万元里面,1元算是10股,或者1元算是100股,这样我们的总股本就是一个比较大的数字。我们在给员工发放股份的时候,形式看上去就会比较好看,员工也会感觉到这个奖励分量非常足。通过这种操作,我们可以让员工感觉到这种安排是有价值的,他会乐意去接受,也就达到了我们激励员工的目的。

在发放期权的过程中,我们需要注意期权的发放需要经过公司的董事会批准,同时公司会有一个发放窗口期,在窗口期我们要对于员工的期权进行登记。在流程上面,有时我们会让律师事务所参与进来,使期权计划的制订和实施更加合规、合法、高效。

员工的持股形式

下面要讨论的问题是持股的形式,即如果员工拿到了期权,也行权完毕拥有了股份,我们该如何确认他的持股形式呢?

这里有几种不同的确认形式。第一种也是最直接的形式,就是工商局登记。比如,你是新加入进来的重要岗位的员工,公司要授予你一定比例的股份,那可能会邀请你到工商局进行登记,把你的名字写到工商局的注册名录里,这样你就成了公司的股东之一。

但是这种方式往往会比较复杂，因为在工商注册登记的过程比较漫长，所以时间成本会比较高。而且万一员工要离开或者因为其他的原因要退出公司，这里面也会产生很多的麻烦。正因为如此，很多时候我们采取创始人代持的形式。

代持的形式就是创始人代为持有员工的股份，在工商的登记名录上不显示员工的名字，依然显示的是创始人的名字，但是创始人和员工签署一个代持协议，比如他名下25%的股份中2%的股份是员工的，他只是代持。代持在法律上是有效用的，所以大家不用担心效力和违约的问题。这种形式操作起来就比较方便，通过公司内部的协议就能进行操作。

还有一种方式就是，当持股的人数比较多的时候，我们可以成立持股平台，比如新的股东一起成立一家有限合伙的公司，持有这家新公司百分之百的股份，然后由这家公司来持有原有公司的股份，新公司持有的原公司股份是新股东在原有公司的股份之和。这样的方式能够让更多的人加入到这个公司，因为打破了原有公司股东数的限制。股份持有的形式就是上述这3种主流形式。

下面的问题是公司如何衡量应授予每一个个体的股权或者期权的具体数目。这在公司不同的发展阶段有着不同的操作方法。早期阶段的衡量是比较艺术的，我们很难明确到底要给多少，往往创始人和员工达成一致了就可以。一般来说，高管可能给0.5%到2%之间。当公司越来越成熟的时候，在设计期权计划时，我们就要根据员工的职级、服务的时间、他的工资配合着一定的系数共同决定给予他的期权。这就要求我们设计一定的公式和比例来进行操作。

期权门槛

关于期权的成熟时机，我们要考虑到一个问题，我们给员工发放期权的目的是什么？是希望通过这个方式，让员工能够在公司长期地服务。所以我们在期权的设计中，要避免发了期权后，员工拿着期权就离开了。如果他离开了，那我们的期权计划就没有达到真正的效果。

所以我们在期权的设计过程中，要加入一些条款，比如向员工派发 10 万股的期权，但这 10 万股不是立马就能得到，从这一年开始，员工每年可以拿到一部分，他会在未来的几年分批次地拿到这 10 万股的期权。常规的操作就是以 4 年为周期发放期权。因为对于一个创业公司来说，4 年就能够看出它的成长，4 年后它应该可以成长到一定的阶段。如果 4 年后还没有什么成长的话，公司的发展可能就会受到一定影响，所以我们用 4 年完成期权的授予。

这 4 年的期权发放也有不同的方式：

第一种方式是匀速授予，比如说每年授予 1/4 的期权，每年 2.5 万股。

第二种方式是非匀速授予，第一年授予 1/5，第二年小幅增加授予量，之后再逐步增加，授予得越来越多。总之，一名员工若想要拿到整个期权，就必须在这个过程当中一直为这个公司服务，而且要有足够好的表现。

我们通常在第一年设立一个 cliff（门槛），当员工在第一年服务期满了，他的期权计划才开始生效，这时候才会拿全部期权的第一个 25%。第一个期权一定是一年为周期的,在第二年、第三年和第四年,我们就可以按照月周期来发放期权。第一年我们按年度来发放,而之后按月度发放也有各种原因,比如有些员工在后面几年并不能服务完整的一个年度,可能到年中的 5 月时该员工就离职了。那按照月度计算的话,我们把一年的 25% 平均分配到 12 个月里,每个月就约为 2%。这个时候公司根据员工实际服务的月份,决定该员工可以拿到多少个 2%。这样,公司就可以比较准确地计算出员工离职时应该拿到的期权。

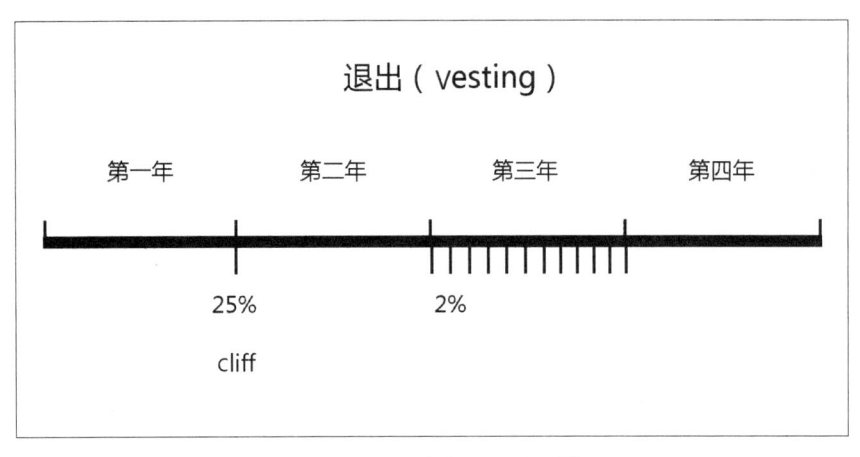

图 4-2 期权设置的门槛

行权价格和员工行权后的处理方式

期权成熟了以后,员工在行权时购买的股票价格的确定也有不同的形式。第一种形式是公司把股票无偿赠送给员工。只要期权的时间一到,各种条件成熟了,那这部分股份就会无成本地送给员工。

还有一种方式是这样的行权价等于早期的注册资本金,按照最早期的股票价格来行权。因为随着时间的发展,公司一定是会增值的,所以市场价格和早期的注册资本金之间是一定会有差额的,在这个过程中就完成了获利。

还有公司使用净资产值。随着公司的不断推移，它的净资产也会不断增长。但是创业公司有时候由于前期投入太多，它的净资产也有可能会下降。所以使用这种方法的地方并不是很多。还有一些公司根据公司估值，将公司估值的某个折扣价作为行权的价格。

员工行权以后拿到的股票也有不同的处理方式。如果公司是个上市公司，他可能会在二级市场进行交易，就会产生收益。还有一些公司还没有上市，他可以在公司的兼并和收购中，以收购方的某一个估值为价格卖给收购方，他也可以获得收益。

另外的方式就是公司回购，回购的价格一定是会高于行权的价格，员工在这个过程当中也会有一定的收益。回购的价格也有不同的确定方式，可能是公司的资本估值，也可能是净资产的估值折扣。还有一种方式是以这个估值为基础，以某一个年化的利率，可能是 6% 或 7% 作为利息，作为回购的价格。这个过程等于是我们做了一个高利息、高收益的投资，这也是一种公司回购的方式。

当然，我们还会在期权或者激励计划中约定，如果因为员工的过错而导致被开除或离职，公司有权以一个固定的成本或者以某种形式，把这些股权回购回来。这是我们在这个计划制订之前一定要明确的，否则后面会带来一些不必要的纠纷。

回购机制

已经行权的期权：这类期权是员工自己花钱买的股权，按理说不应该回收股权。如果公司已经被并购或已经上市，一般情况下不回购员工已行权的股权。但是对于创业公司来说，离职的员工持有公司股权，是公司的正式股东，因此建议提前约定在员工离职后公司有权按照一个约定的价格对员工持有的股权进行回购。

已成熟未行权的期权：已经成熟的期权，是员工通过为公司服务过一段时间后赚得的，即使员工在决定离职时没有行权，员工依然具有行权的权利。这个时候应该给员工选择是否行权，如果员工选择行权，则按照协议的行权价格继续购买公司股票。

对于未成熟期权，公司全部收回，放入公司期权池。

创业公司控制权该怎么掌握

还有一个问题，我们需要考虑公司的控制权问题。在公司经过了很多轮的融资之后，创始人核心团队手中的股权比例一定会越来越少。股权的比例少，不仅意味着创始员工的分红权少了，更重要的是意味着投票权下降。如果我们的持股比例只有30%，剩余60%甚至70%都在外部，那可能很难通过投票对这个公司的战略发展做出决定性的建议，因为创始人没有强大的控制权。这种方式其实不利于公司的发展，尤其是在一些迅猛发展的互联网公司、高科技公司，公司的创始人的价值是非常巨大的。

正因为如此，很多公司，包括阿里巴巴、京东、扎克伯格的 Facebook，虽然公司创始人的股份非常少，但是他们能够通过股权设计中的特殊设计把握公司的最终决定权。这也是阿里巴巴在选择上市地时重要的考虑因素之一。美国和中国香港的股权设计方式有着一定的差异。

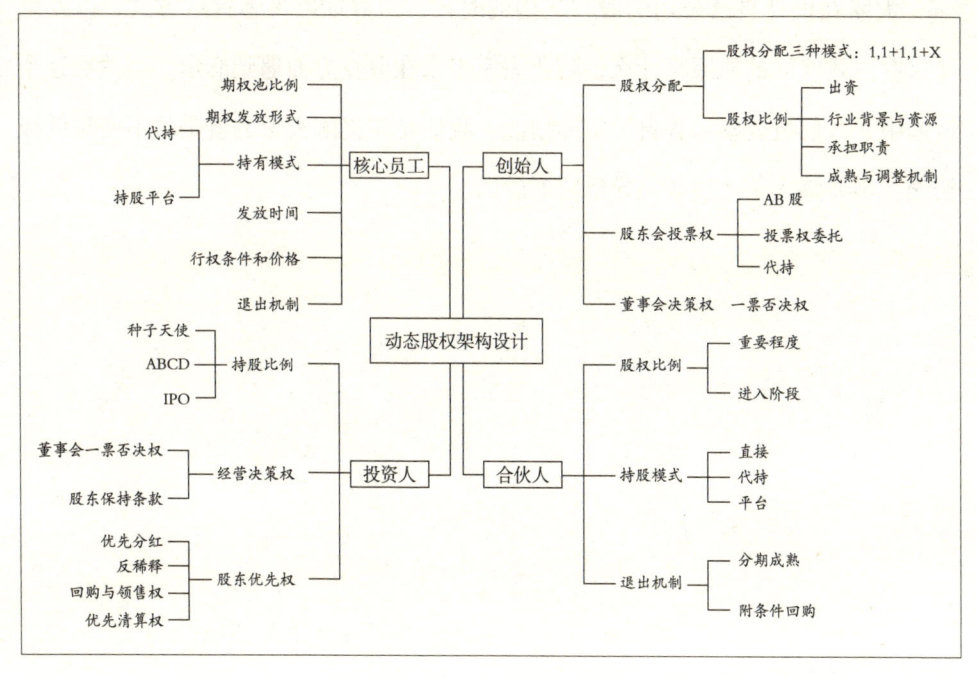

```
                                            ┌─ 股权分配 ──┬─ 股权分配三种模式：1,1+1,1+X
                          ┌─ 期权池比例              ├─ 出资
              ┌─ 代持 ──┤  期权发放形式    创始人 ──┤  股权比例 ──┤─ 行业背景与资源
              │          └─ 持有模式                              ├─ 承担职责
   核心员工──┤                                                    └─ 成熟与调整机制
              │  持股平台                        ┌─ AB 股
              │          ┌─ 发放时间      股东会投票权 ──┤─ 投票权委托
              └─         ├─ 行权条件和价格              └─ 代持
                         └─ 退出机制         董事会决策权 ── 一票否决权

              ┌─ 种子天使                         ┌─ 重要程度
              │  ABCD    ┌─ 持股比例      股权比例 ──┤
              │  IPO     └─                        └─ 进入阶段
   动态股权架构设计 ──┤
              │                                    ┌─ 直接
   投资人 ──┤  董事会一票否决权                持股模式 ──┤─ 代持
              │          ┌─ 经营决策权   合伙人 ──┤      └─ 平台
              │  股东保持条款                     │
              │                                   │      ┌─ 分期成熟
              │  优先分红                         └─ 退出机制 ──┤
              │  反稀释   ┌─ 股东优先权                   └─ 附条件回购
              │  回购与领售权
              └─ 优先清算权
```

图 4-3　股权架构设计

中国香港的要求是同股同权，但是在美国有一种新的股权方式，叫作 AB 股。在发行股票的时候，可以发行两种不同类型的股票，一种股票是 A 类股票，是公开发行的。持有一股的 A 类股票就代表员工拥有一票的投票权。但是同时，还有 B 类股票，B 类股票有 10 倍的放大投票权，持有一股的 B 股股票就代表了有 10 倍于一股 A 类股票的投票权。

通过这样的方式，创业的团队核心就可以拥有足够的投票权和决策权。虽然他们拥有的实际股票数少，但是仍旧能够对这个公司有绝对的把控。通过这种方式，创始人在董事会可以拥有足够的投票权，最终能够决定这个公司的发展。

大家在设计自己公司的股权架构的时候，最好能够参考这些方式，以及思考这些方式背后的原因是什么，防止大家未来在股权方面遇到麻烦。当然在这个过程中，我们也要参考各自的实际情况。我们希望提醒大家的就是，不要犯低级错误，不要陷入一些误区，导致留下后患。

05

短期激励法——利用工具，实现团队目标绩效达成

在公司里，有很多员工属于任务型员工，这类员工主要关注的是短期利益的获得。他们并不关心企业的愿景，他们可以专业而认真地完成任务，但是他们不会有自发的积极性和热情。这类人群的激励点来自完成既定任务后可以获得的利益，这些利益包括奖励、奖金或者晋升机会。因此，对于这类人群，我们需要的激励方案就是设定既定目标，并激发他们去完成，完成后给予奖励。这时候我们需要用到的就是目标和绩效管理工具。

为什么要进行目标管理

首先管理者们必须时常问自己一个问题：一个团队存在的目的到底是什么？我认为，是团队管理者带领着团队成员们一起去实现既定目标的过程。我们需要思考怎样把团队成员更好地组合起来，激发他们的积极性，让每个人都有优异的表现，让他们去完成各自的目标和任务，并以此来实现团队、部门、公司共同的目标。

但团队的创始人或领导者，可能会经常感觉自己的团队成员责任心不够，不够积极，没有为公司做更多的考虑。以至于在整个公司或团队当中，管理者和领导者心力交瘁。还有一些高层反映，自己平时并不知道员工在做什么，若监督得少了，担心业绩完成不了。但假如监督得多了，自身精力有限，难以面面俱到。还有的管理者会说，我们的员工表面上也很努力，但是为什么我就是没有看到团队业绩的提升呢？还有一些普遍的现象就是在团队成员之间，或者在不同的小组和部门之间，大家各自为政，缺乏协作。

员工在团队管理的过程中其实也有自己的苦衷。有些员工对于领导要求做的事情是很模糊的，并不知道管理者为什么要这么做，因此当他们遇到问题的时候，他们就会陷入困惑和两难，不知道做什么是对的，什么又是错的。倘若他们什么都不做，那领导会认为自己是不作为的。但是他们的一些行为与领导的初衷相悖，就不会被领导所认可。在我们日常的团队管理过程中，一定存在着这样一系列的问题。

团队管理的核心问题，就是我们如何让团队成员的行为能够与同公司和团队的目标始终保持高度的相关和一致。只有把每个人完成的工作集合起来，才能推动我们团队的整体目标的实现。同时，在这个过程中，我们还要使团队的成员之间、部门之间相互协作，相互配合，以达成目标。

我们最希望一个团队呈现怎样的一种状态呢？其实是如下图的龙舟队。一个龙舟比赛的参赛团队是由一个小组构成的。每一个龙舟船上都大概会有十几名成员，每个成员扮演着不同的角色，有鼓手，有划桨的人，还有在船尾保持方向的成员。我们若想取得一场龙舟赛的胜利，必须做到以下几点：

一、整个团队的目标和方向必须非常一致，方向只有一个，那就是终点。

二、每个成员都要积极努力地扮演好自己的角色，实现各自的任务。每个人都把能力发挥到极致，并且所有人协同发挥，才能够使团队冲向终点，获得冠军，以实现整个团队的目标。

三、团队成员的节奏和步调必须保持完全一致。如果其中某一个人的力量与其他人不在同样一个节奏里，大家就不能形成合力，反而整体的一部分力量会被抵消。

四、赢得冠军，团队成员获得相应的奖励。

划龙舟应该是我们在现实生活中能够看到的一个最好的团队组合形式，它有着一个优秀团队应该具备的各种特征。对于划龙舟这个例子，我们看得很清楚，但在我们现实的组织当中，尤其是组织里有几十个人甚至几百个人的时候，指挥这个团队就变得不那么简单了。

图 5-1 划龙舟和目标管理

一个复杂的组织和团队应该怎样做到像划龙舟这样去达成既定的目标呢？我们把公司的结构拆开来看。一家公司有公司的目标，这个目标往往是 CEO 肩负的；CEO 的目标下面又可以细分为各个部门的目标，各个部门下面又有每个成员的目标。只有当每一个成员都实现各自的目标和任务，才能实现小组的目标；只有小组的目标达成了，才能确保达成部门的目标；也只有所有部门的目标达成了，整个公司的目标才有可能实现，它们之间是层层关联的。整个组织仿佛是一个大的箭头，我们其中的每一个成员是一个小箭头，只有每一个小箭头的方向力量与大箭头是一致的，那才能够确保我们的团队是有战斗力的。

现实中很多团队在这里都会出现这样的问题。如果看这本书的你正在管理一个团队，你不妨试验一下。比如，你可以找机会问一问你的团队成员，看看他们是否清楚整个团队的目标到底是什么，他们是否清楚自己在这个大的目标当中，自己作为个体的角色定位和分解目标。

我相信最后你得到的答案一定是非常混乱的。因为只有非常少数的公司和团队能够做到准确地向员工传达团队最新的目标。但作为优秀的团队管理者，我们就需要把这一层层的目标梳理得非常清晰而有序。

目标不明确和不协同这个问题的出现并不是个案，自从组织和团队存在，自从不同的人开始在一起共事，这个问题本身就已经诞生了。优秀的团队管理者，都在尝试去解决这个问题：如何把这个团队的每一个个体的目标统一，个体完成目标，最终实现公司整体目标的达成。这一直以来都是我们孜孜以求的目标。

著名的管理学大师彼得·德鲁克，在1954年提出旨在解决这个问题的方法，即MBO目标管理，这个方法将每一个人的目标和公司的目标协同起来，使得每一个团队成员的目标得以实现，最终达成整个团队的目标实现。

在MBO之后，历史上又相继出现了很多新的工具。1992年出现了BSC（Balance Score Card），中文名字为平衡计分卡。平衡记分卡的出现背景，是很多企业家和管理者在设定目标以及做目标管理的时候，会渐渐地发现自己的目标过于偏重业绩导向，或者是过于偏重短期指标，缺乏长期性和成长性的考虑，为了兼顾到目标的平衡性，于是引入了BSC。平衡计分卡要求在目标的设定时，既考虑客户，也考虑员工；既考虑内部的运营，也考虑外部的市场。这样设定的目标，能够让企业更加平衡，使得前进的动力更加持久。

1995年，又有一个重要的目标和绩效管理的工具诞生，它就是目前大多数公司都在沿用的一种方式——KPI。KPI强调在指标遴选过程中得出一些核心（Key）的指标。牵一发而动全身，即我们只要掌握了员工绩效的一些最重要指标，就可以有效指导他们的工作和实现目标达成。比如，在龙舟比赛中最重要的几个指标是船桨摆动的时间、速率和方向，那我们只要掌握这几个最关键的指标，就能把握住整个龙舟行进的目标和方向了。

诞生于20世纪的KPI，在我们经历了工业文明和互联网初级阶段的变迁，进入了新世纪之后，就受到了很多的挑战。很多公司认为KPI的设定方式对公司造成了很大的困扰。近几年一个新的目标管理方式"OKR"又走入了大家视野。OKR目标管理方式最早出现在英特尔，后来在谷歌公司大放异彩。谷歌在全球的成功，也使得谷歌的管理方式被众人所效仿和学习。现在，有很多的公司，包括一些初创的互联网和高科技公司，都在纷纷学习和采用OKR方式进行公司目标管理。OKR在未来的3到5年或者5到10年间，都会是一个比较重要的公司内部目标绩效管理的工具。在下一节会专门用一节的内容向大家介绍这个工具和它的使用方法。

2003年，另外一个重要的目标和绩效管理工具也诞生了。这个工具就是PBC。PBC最早诞生于IBM公司，是IBM用来管理全球员工的工具。IBM在帮国内知名企业如华为做管理咨询的时候，将PBC的模式带入了华为。目前，PBC在华为的整体目标管理体系中发挥了非常好的作用。

战略执行工具 OKR 使用的最佳原则

关于目标和绩效管理的工具，我们前面介绍了几种。接下来我们将会介绍目前以及在未来一段时间会被众多公司采用的 OKR（目标与关键成果法）。

OKR 诞生在 1976 年，是由英特尔的 CEO 格鲁夫创造的。但是在 20 世纪八九十年代，很多人根本都没有听到过这个工具，丝毫不了解。OKR 真正进入大家的视野并为大家所熟悉是在 1999 年。当时谷歌投资人、KPCB 的合伙人约翰·杜尔（他也是格鲁夫的好友）把 OKR 这个工具介绍到了谷歌。当时刚刚成立两年的谷歌，随后把 OKR 作为公司和团队内部管理的重要工具在全公司推行。

经过 21 世纪初互联网等科技行业 10 年的蓬勃发展，谷歌成为目前全球市值最高的几家公司之一。于是大家开始好奇谷歌是用怎样的方式去管理内部团队的员工并大获成功的。在最近的几年里，越来越多的机构、组织和公司开始慢慢学习 OKR 这种管理方式。他们也慢慢开始意识到了 OKR 在新经济和互联网科技时代，能够产生的显著价值。所以如果今天去参加一些人力资源、管理方面的论坛或在跟 HR 交流时，一定会看到很多关于 OKR 的内容。

目前，除了谷歌，OKR 已经被全球范围内众多的公司使用。不仅美国有很多的公司使用，中国很多互联网公司、科技公司或者新兴的创业公司也都在使用 OKR 这个工具。

OKR 得名于 3 个英文单词的字母首字母，即 Objective Key Results，O 代表

objective，也就是我们团队的目标。KR 代表着 Key Result，就是关键的任务结果，是指要实现这个目标，必须要做的事情和任务。如果 O 代表着目的地，那 KR 则代表如何到达这个目的地。

OKR 的优势在于，它可以让团队的目标更加聚焦，在聚焦的同时还可以保持目标的主次分明，层次有致。另外，它还可以让整个团队的工作更加协调，保持方向和行动的一致性。

在具体的操作过程当中，首先"O"来自公司整体的目标，然后再经过层层的分解，形成部门的目标，最终到每一个成员的目标。一方面我们有从上至下按照部门和职级的纵向分解，另一方面我们还可以按照时间维度分解，如年度、季度或者月度目标。

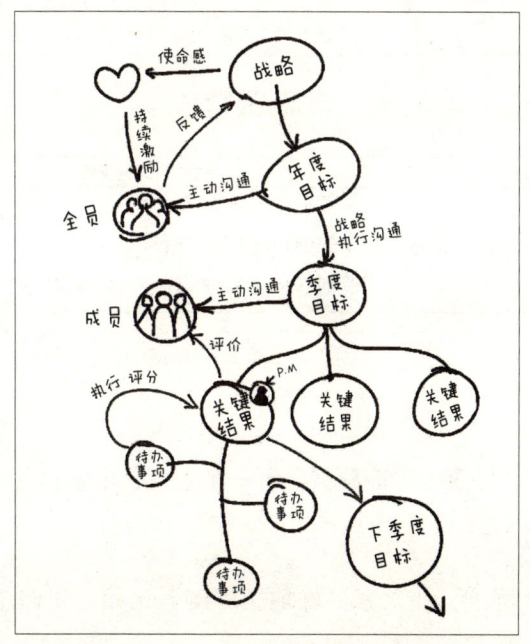

图 5-3　目标管理的目标分解

KR 代表我们想要实现这个目标具体需要做的事情。举个例子，比如以这几年比较火的共享单车为例，摩拜单车的目标是要做到下个季度在杭州的市场占有率第一，这就是它的目标，那么实现这个目标要做的关键任务，也就是 KR，包括：

一、要实现下一个季度新增用户超过 1000 万。

二、存量用户的活跃率要超过 1200 万。

三、在城市的布局方面，要新增不同城市的布局，增加 15 个新的城市并投放更多的车辆。

举例：共享单车

目标	关键任务
Q3共享单车市场占有率第一	1. Q3实现新增注册用户数1000万（增量） 2. Q3 月活跃用户数超过1200万（存量） 3. 单车投放覆盖新增15个城市（设备）

市场/品牌

目标	关键任务
增加品牌的认可度和知名度	1. 增加20%的媒体投放力度 2. 在9月1日推行客户推荐计划 3. 通过四个在百度排名100的媒体网站投放扩大品牌的软文

表 5-1　以共享单车为例详说 OKR

只有做到了这 3 件事，才能确保在下一个季度，市场占有率能够达到第一。

我们再举几个例子，让大家更好地去理解。比如，我们想要提升公司电话销售的效率和效果，这是管理者要设定的一个目标，为实现这个目标我们设定了

3个具体的关键任务：

一、销售人员每个季度拨打电话的总数要提升到 6300 次。

二、销售人员每一个季度至少完成 315 次成功的电话销售。

三、要确保至少 33% 的网上注册是通过电话的方式获取的。

这三个 KR 就能够确保整个销售效率和效果的提升，最终帮助我们完成目标。

我们再举一个人力资源的例子。人力资源部门下个季度要争取招募 5 到 8 名工程师，那么完成这个目标要做如下几件事：

一、在 5 所大学进行职业宣讲。

二、要在"领英"上挖掘 250 位潜在的候选人，并与他们进行联系。

三、在公司举行一个职业开放日，并确保 50 个成员参加。

四、我们要重新设计发布招募信息的网站，并重新规划这个网站。

完成这些 KR，才能确保我们实现招募 5 到 8 名工程师的目标。

HR	
目标	关键任务
提升员工敬业度与工作满意度	1. 每月举行3次"趣味周五"全员大会 2. 采访48位雇员，询问他们对于优化工作文化的需要 3. 在8个团队中使用目标与关键成果法
目标	关键任务
当季招聘5～8名工程师	1. 在5所大学进行职业宣讲 2. 在领英上挖掘250位潜在的新候选人 3. 在公司举行职业开放日，需要至少有50位参与者 4. 重新设计并发布网站的职业和工作部分

表 5-2　以 HR 为例详说 OKR

这就是一些典型 OKR 的例子，目标和达成目标任务的组合。按照此理，任何一个团队的行动或者团队的目标，都可以进行这样的分解。作为一个团队的负责人，我们需要仔细思考自身的目标是什么，要达成这个目标需要做哪几件事情。

OKR 的目标设定过程，我们要遵循一些原则和要求：

一、目标的设定要有一定的野心。如果这个目标轻轻松松就被完成了，其实代表这个目标并没有什么挑战，也就没有什么意义了。最简单的原则就是：跳一跳，够得着。

二、目标可执行。如果这个目标遥不可及，或者根本不在团队的可控范围内，那这个目标的设定也是没有意义的。

三、目标需要有一个达成时间的限制。这个时段可以是未来的一个季度、半年或者一年。

四、一个时间周期内一个员工的目标个数最好控制在 3 到 4 个，如果目标个数超过 5 个，就会导致员工失去方向。他会认为每件事都很重要，反而无法凸显某一核心事件的重要性。所以，团队的管理者在给下属分配工作、分配目标的时候，目标一定要有聚焦，数量维持在 3 到 4 个是最佳的状态。

总结来说，一个好的目标要具备这样的一些原则，既有野心，又可执行，并且搭配合适的时间限制。

- 有野心
- 可执行
- 有时间限制

- 可量化
- 困难，但非遥不可及
- 有时间限制

3~4个目标，不超过5个

图 5-4　OKR 设定的原则

在制定关键任务 KR 的时候，我们要注意以下几点：

第一，在设定关键任务的时候，每一个关键任务都必须是可以量化的。

就像前文中提到的共享单车的例子，未来一个季度一个共享单车品牌的新增用户量是可以量化的，我们在前文中设的新增量是 1000 万。新增的城市数也是可以量化的，我们设定的数量是15个。可量化指标可以为后期的工作完成情况的考评奠定良好的基础。如果这个指标不能量化，等到年终考评的时候，大家莫衷一是、各执一词，谁也不清楚到底如何判断目标是否达成。员工会认为自己的目标已然完成，但是团队的负责人可能会认为他并没有完成。如果存在着非量化的指标，或不能完全用客观标准来决定的指标，又或者是需要主观因素介入才能完成的指标，就会让后期考评的过程产生一系列的问题。

第二，关键任务要有时间限制。

这里具体是指要明确说明KR是否必须在这个季度完成，还是半年时间内需要完成。

OKR应用中最佳的原则是"三三"原则，这个原则是基于许多应用OKR的硅谷公司长期实践摸索得到的经验。"三三"原则就是在一个时间周期内，针对一个员工，目标的数量应该设定为3个，同时实现这个目标的每一个KR关键任务的数量也最好是3个，这样在执行的过程中会收获比较好的效果，所以这个原则被命名为"三三"原则。希望大家能够记住这样一个非常重要的原则。

OKR执行过程中的注意事项

OKR在执行过程中，要确保执行到位，需要注意以下一些事项：

第一，目标管理是整个团队的任务。

不要把目标管理仅仅当作一个绩效考核的工作，否则我们就进入了一个误区。不能仅仅把它当作一个任务，也不要只是把它当成人力资源部门单独的工作，单方面地认为和其他部门没有关系。

第二，要注意在 OKR 管理的过程中的双向沟通。

OKR 的管理不能只关注结果，还要关注过程。员工在这个过程中的提升也是非常重要和有价值的。请大家回想一下我们过去执行 KPI 的过程。首先，团队接到一个任务，然后团队对这个任务进行分解，并形成了每一个人的目标 KPI，接着主管会通过邮件或当面确认的形式和每一个人确认其当月的 KPI。所以大多数 KPI 的确定其实是一个单向操作的过程，具体来说就是一个自上而下的过程。

在执行 OKR 的过程中，我们更加希望能将自上而下和自下而上相结合。比如，当到了一个季度末，要制定下一个季度的目标 OKR 的时候，首先需要询问员工，作为团队成员，他认为他下个月最应该做的事情，以及在他心目中的目标和关键任务是什么。接着团队负责人和团队的领导者再和员工进行沟通，从领导的角度，从整个团队的目标以及对这个成员认知的角度，委婉指出这个员工下一个季度应该做的事情是什么，最终形成这样一个 OKR。

如此制定 OKR 的好处有 3 点，坚定整个团队的目标；使员工对这个目标有更深的理解；使目标的完成成为员工的自发过程。员工不会认为这个目标是主管强硬地指派给他的，相反，这其中有他自己的想法。所以，整个 OKR 的执行过程就会非常通畅，因为他认为这是自己制定的目标，那就应该由自己高效地完成，这是非常合理的想法。

第三，要注意在 OKR 管理的过程中的公开。

在 OKR 的管理中，还有一个需要注意的是 OKR 的全员公开。谷歌以及其他一些公司在执行 OKR 的过程中，每一个员工的 OKR 内容是向全员公开的。不管大家的角色是什么，都可以看到公司任何一个人 OKR 的内容，甚至可以看到这个公司 CEO 的 OKR 内容，这就是所谓的"全员公开"。"全员公开"可以避免我们在团队的管理过程中，出现大家对目标的认同有差异感，或者成员间协同出现问题。因为如果我们不知道其他的团队成员到底在做什么，那可能出现重复劳动的现象，或者本该互相配合的成员并不知道对方的实际需求。

举一个简单的例子，比如今年销售部门或者营销部门要获取更多的销售额，所以要扩展销售团队和渠道管理团队。显然，增加人员是销售部门达到这个季度目标的重要条件之一，但是这个任务需要相关的部门配合，比如说人力资源部。如果此时人力资源部不把增加销售人手这个任务作为最重要的任务，甚至都没有排到当期目标中去，那这个目标的完成度肯定就会受到影响。

相反，如果全部 OKR 都是公开的，销售部门就会清楚地知道人力资源部门这个季度的目标与自身部门的目标有矛盾。那管理者就可以与部门负责人进行进一步的沟通或者协调，以达到团队之间的目标协同一致。

第四，要注意 OKR 的评分原则。

OKR 在谷歌的评分原则是这样的：一般来说，分值是从 0 到 1 分，1 分就是满分。一般成员达到 0.75 分，就算 OKR 考核合格了。谷歌执行 OKR 时，还有一个重要的原则，就是 OKR 的考核结果不与薪酬挂钩。这是非常有特点的，不像KPI的结果是跟薪酬严格挂钩的。而这一点也是让许多公司在参考使用OKR过程中感到困惑的地方。OKR考核结果和薪酬奖励不挂钩，这样岂不是会乱套？

那大家有没有思考过谷歌设计的OKR与薪酬不挂钩的原因呢？首先，这是因为谷歌所处的行业是高科技互联网行业，这个行业发展的最大特点就是未来的不确定性。一个创新就有可能颠覆过去所有获得的成绩。反观传统的工业时代，行业在5到10年间都不会发生太大的变化。所以，这二者的格局是完全不一样的。正因为有这样的行业特点，谷歌对于人才的要求和内部战略的要求以及文化的要求是鼓励员工不断地创新，敢于去尝试挑战。哪怕挑战失败导致OKR没有达标，也没有关系，这不会影响到员工的收入。所以这是从战略出发的一种考量。

其次，这与团队成员的素质密切相关。谷歌的团队文化是非常积极上进的，没有成员消极怠工，每个人都希望积极地去创造能够影响更多人的产品。所以，这条规定可以在谷歌的土壤中生根发芽。但如果其他公司的文化土壤并不是这样，团队的员工也没有这样的素质和追求，那这条设计的价值就很局限了。

这里涉及一个管理工具和管理方法与公司的环境、水土是否相匹配的问题。虽然OKR有很多地方值得我们借鉴，但任何工具若想要在一个组织或者一个团队当中发挥效用，它一定要能落实在最合适的位置上。所以，OKR的某些规定在谷歌的土壤里面是合适的，但是放在别的公司就不一定适合。比如，就拿OKR的评分与员工的薪酬不挂钩这项规定来说，如果评分与员工的收入不相关，那员工可能就没有突破自我力争上游的动力，也就没有去实现这个目标的意愿和动机。

所以，我们在使用 OKR 或者 KPI 等任何工具的时候，我们必须清楚问题的根源是什么。那就是我们希望通过这种管理方式实现整个公司的目标和绩效。在这个前提不变的基础上，所有由此衍生出来的管理方式和方法都可以调整细节，以适应我们的公司。所以当管理者有了这种思路后，就不会原封不动地照搬 OKR 的全部设定。

在具体使用过程，OKR 在公开的沟通、目标的协同、自上而下与自下而上相结合上都非常出色，我们可以放心地借鉴和采纳。但如果大家认为绩效不与薪酬挂钩的设定还是不太合理，那我们就可以在这个方面做一些细微的调整，把某些关联引入到二者之间。这样，这个工具就能彻底地量体裁衣，为我所用。

第五，OKR 的执行周期。

还有关于 OKR 时间的评估流程问题。一般来说，我们会在一个季度的末期准备起草下一个季度的 OKR，比如，我们可以在一季度的最后一周制定下一季度的 OKR。在第二季度的第一周，我们再来回顾上个季度的 OKR 完成情况。

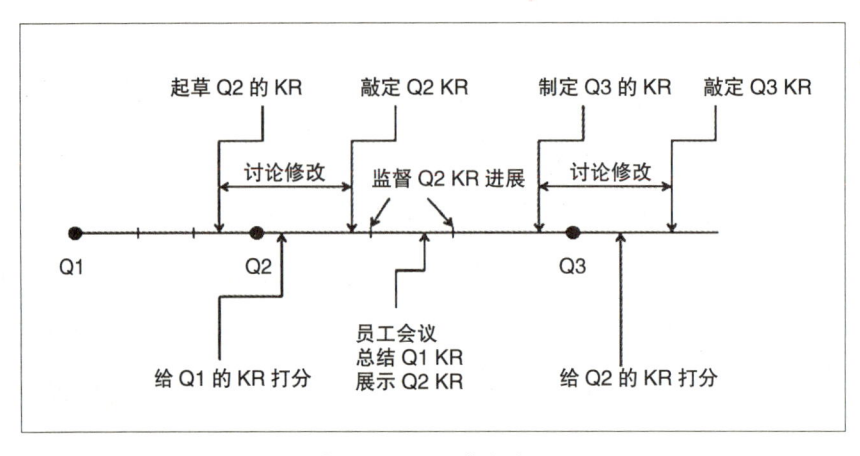

图 5-5　OKR 执行流程

为了方便大家在实际工作中操作使用,这里提供了一个 OKR 的模板供参考,大家可以在自己的公司中加以运用。

姓名	××	部门			××	
	目标	(为实现目标达成所需完成的任务)	权重	完成度	评分	
季度	一季度目标	关键成果 KRs	权重	完成度	评分	季度评分
1		1				
		2				
		3				
2		1				
		2				
		3				
3		1				
		2				
		3				
季度	二季度目标	关键成果 KRs	权重	完成度	评分	季度评分

表 5-3　OKR 模板

目标绩效管理的注意事项

目标绩效管理虽然是每个公司都有的团队管理模块,但并不是每个公司都能够真正执行好,发挥应有的效应。这里面还是有一些细节需要关注。

第一,如何在目标的分解过程中找到最有效的目标。

很多时候我们在目标绩效管理的初期就错了,那就是我们并没有找到最佳的目标,或者没有进行最佳的分解。在目标分解方面,建议大家可以参考鱼骨图的原理,找到整个事物的主干,然后再挖掘最重要的分支,进而明确我们核心的目标和需要解决的问题。

这一点非常重要,如果目标选择错误,那接下来这一个时间周期里做的工作可能都是无效的。所以在目标的分解过程中，每一个层级、每一个员工的目标都一定要从团队的战略目标中最核心的工作目标上分解下来。这需要管理者进行深入的思考，而不是仅仅填写 HR 的一张表格后就将其抛之脑后。管理者在这个工作上花的时间越多，团队未来就越能够产生超凡的业绩。相反，如果没有进过仔细思考就完成了这个过程，最后团队可能就不会形成合力，也没有协同的价值，只有管理者在孤军奋战。

第二，在关键任务的制定过程中，一定要确保每一个指标能量化。

这一点前文中已提到，希望再强调一下。量化的指标可以使考评者和被考评者对于一项任务是否完成的观点达成一致，不存在模棱两可的边界。量化可以采用绝对量化和相对量化两种方式，所以所有的任务最后都可以被量化。有些任务，例如销售额，可以很容易地进行量化，但对于一些看似没有办法量化的任务，我们可以通过相对量化的方式来进行量化。

相对量化，就是在团队成员之间进行互相的比较。举一个简单的例子，阿里巴巴在早期的绩效评估和目标管理的过程中超过 50% 的指标是价值观层面的指标。在后面的章节中，会和大家分享关于文化和价值观的内容，以及它对一个团队的成长起到的非常重要的作用。我们今天要思考的是文化价值观应该怎么样去衡量。这里就涉及了相对量化这个方法，我们把一些本来没有量化属性的行为，利用相对量化的原则进行量化。

> **客户至上**
>
> - 1分：尊重他人，随时随地维护阿里巴巴的形象。
> - 2分：微笑面对投诉和受到的委屈，积极主动地在工作中为客户解决问题。
> - 3分：与客户交流过程中，即使不是自己的责任，也不推诿。
> - 4分：站在客户的立场思考问题，最终达到客户满意。
> - 5分：具有超前服务意识，防患于未然。

图 5-6 阿里巴巴员工评分

比如，在阿里巴巴的"独孤九剑"文化价值观中，有"客户优先"这一条原则。那我们怎么去考评和评估一个员工是否做到了客户优先呢？阿里巴巴把它量化到了具体的行为。比如，一个员工做到了尊重他人，随时随地无时无刻地维护阿里巴巴的形象，这个行为在进行考评的时候就会得 1 分。那如果一个人在与客户交流的过程中，不推诿，努力去帮客户达成即使不是自己责任的要求，他就可以得到 3 分。如果这个团队的成员具有超高的服务意识，防患于未然，那这个方面值得给 5 分。所以即使文化和价值观指标是不可以直接量化的，但却可以被相对量化。通过相对的量化，团队成员最终有了不同的得分，数据就会变得有价值了。

第三，在制定任务指标的过程中，需要做到有平衡性。

任务指标中除了业绩指标，还需要包括价值观的指标。除了短期目标，还要兼顾长期目标。如果我们的指标只关注短期行为的话，在未来某一个时间点一定会遭遇挫折。比如，面对一个销售人员，管理者不仅要把他销售的业绩挖掘出来，还需要培养他的长期能力，二者相辅相成。这个团队才可以长期高效地运转。

第四，还要设置一些跨部门的指标，以使部门之间的指标协同。

管理者在分配指标的时候，如果一项任务是需要两个部门、两个团队或者两个人才能完成，那就需要在他们各自的指标或者关键任务中把这一项体现出来。只有这样，才能确保大家把这项共同任务当作一个重要的任务去执行，才能总体上确保这个任务执行到位。内部服务部门的指标和绩效的评估可以由其他被服务部门介入评价。比如，我们在评估销售支持部门在某个季度的绩效表现的时候，可以让内部服务的客户，也就是销售部门，来对此进行评分或者评价。

KPI、OKR考评的结果要配合后续的动作，要对应员工的薪酬、奖金、升值或期权等长期激励。这可以让员工意识到，只要自己付出了努力，取得了一定的成果，就能够得到相应的回报。这样的目标管理才是一个闭环的行为，把目标的分解、员工的执行到最终的奖惩都涵盖在我们的管理中。这就像龙舟赛一样，让一个团队的员工去执行任务，那必须要确保他们在达成目标后可以获得相应的奖励，或者取得优异表现后可以得到丰厚的奖励，这才会激发他们的行为。所以，我们在激励过程中，应该注意到以下几点：

第一个关联点：员工完成行为和他应该获得的评估的关联。这个环节是指团队成员在过去一个月或者一个季度努力工作后，根据之前约定的绩效管理文件，这名员工会比较清晰地知道他的评分结果如何，这个过程的公平和公开的。经常会产生的情况是，员工在一个时间周期完成工作后，他的表现好坏，自己并不知晓，完全听天由命，靠主管的主观决定。这样这个关联就会被打破。如果想做到关联，我们需要做的是，在这个评估的时间周期内，员工和管理者会对这个周期的工作任务和目标达成一致，而且可量化。当员工在这个时间周期结束后，自己就可以清晰地算出应得的绩效分数。这是第一个关键的管理点。

第二个关联点：员工在得知自己的绩效评分后，能够清晰地知道这样的绩效评分意味着什么样的奖励。分别是对应了什么样的薪酬调整，对应什么样的职级调整，以及其他的奖励。比如我们比较常见的BAT体系里的员工评级S、A、B、C、D，当员工获得了这5个不同评分后能够与对应的奖励相关联，如果拿了S，那么大致可以知道，今年是不是可以上调一级了；如果公司有年终奖，那该员工应该是比例最高的那一个层级。这是第二个关联点，也就是员工能够清晰地知道自己的评分如何和获得的奖励是什么。

第三个关联点：公司或者团队给予团队成员的这个激励物，是否是员工渴望和需要的，是否是有心理价值的。我在一家腾讯旗下的子公司上课的时候，有一位产品的负责人就在现场提出了一个问题："为什么我们团队中有一个团队成员表现不错，我们全年给他评了个S，最高分，也给了相应的激励。但是他还是过完年就离职了。"这里面就涉及了一个问题，虽然管理层给了这位员工想要的评分，但是这个评分相对应的奖励内容是不是他想要的呢？这个员工离职的原因是在于，他虽然加了薪、升了级，但是他的激励点是希望公司领导给予他负责一个新产品研发的机会。而这个机会并非不可能，只是当时领导并未意识到他对这件事情的在意程度。这就是第三个关联点，团队负责人一定要挖掘出员工最在意的那个东西，真正激发他内心的激励点。

由上可以看到，如果我们想做好激励，激励流程中3个关联点必须做到环环相扣，每一个传导都是正向的，这样的激励才能真正驱动员工的行为，如果存在一点瑕疵，那激励就会打折。下次大家在做激励的时候，检查一下：是否做到了本节的内容？有没有哪个环节出现了问题？

06
优秀的团队文化支撑起公司

任何优秀的公司背后,都有优秀的团队文化做支撑。比如阿里巴巴的"六脉神剑"、华为的狼性文化。但文化对于许多员工来说又毕竟是"虚无"的东西,看不见,摸不着。这一章将告诉大家,文化如何成为企业竞争的利器?创业公司文化是如何形成的?怎样有意识地去建立公司的文化价值观体系?如何使得"虚"的文化可以真正落地执行。

创业公司的 DNA

我们在讨论公司的时候，经常会拿一些公认的企业文化很出色的公司举例。那么到底企业文化是什么，又在一个企业和一个团队的发展过程中，扮演着什么样的角色呢？

我们先给企业文化下一个简单的定义。文化是指一个团队、一群人或者一家公司共享的理念、行为和价值观。共享是指大家都认同的思考、做事的方式。文化有表象层和隐藏层。就像一座冰山，冰山之上是我们可以看到的做事的方式和沟通的语言。在冰山之下的，是我们所看不到的起到基础和核心作用的文化根基，即企业的使命、愿景和价值观，是它们支撑起了整个企业的文化体系。就像一个人会有自己的个性，团队的文化就相当于这个团队的个性。换句话说，企业文化是这个公司的 DNA。

在实际的工作中，对于文化有着两种截然不同的认知。有些公司认为文化是虚无缥缈的，只是形式而已，感知不到它的价值。但是有些公司的管理者则认为，团队文化在团队的发展过程中扮演着非常重要的角色，不可或缺。

我曾经遇到过一些案例，好几位公司的 HR 都向我反馈："领导让我来制定一下整个公司的文化体系，但是我无从下手，不得要领。最后也就只能在网上随便找了一些资料，编了一个文化体系应付了事。"而管理者对这件事情的认知也只是停留在一个比较肤浅的层面，让 HR 提交一些书面的内容，这件事情就算是完成了。但是 HR 应该深知这样的方式根本无法实现企业文化的建立。所以这件事提醒我们，一个管理者，尤其是中高层的管理者，必须要理解文化真正的意义。文化不会拘泥于某一个形式，而是一种对企业能够真正产生价值的东西。

要解答这个疑惑，首先要回答我们需要团队文化的原因。文化在公司发展和管理中起到什么样的作用呢？我们打个简单的比方，从国家的层面来看，对于一个国家或者社会的管理是依靠法律的，法律是强制性的，要求所有的公民必须遵守。但同时，除了法律之外，在社会体系中，另一个公民行为约束机制是道德规范，也就是我们的文化价值观。

文化价值观和法律相辅相成，共同作用于一个国家和社会的管理。法律的管理是事后的，是强制的。当公民违反了某些规定，就必须接受强制的惩罚，这是法律的执行方式。而文化价值观即道德规范的机制是事前的，事先对一个群体中的每一个个体进行约束，让大家自觉地去遵守一种约定俗成的行为和思考方式。所以对社会而言，正是二者相互配合，管理着我们整个的社会。

同样，对于公司和团队来说，也是借助两个模块来实现公司的管理。首先是公司和团队的规章制度。规章制度是强制的，不论是谁违反了规章制度，都将会受到惩罚。在规章制度之外，这个团队中还存在着一种大家都认同的工作和行为方式。每一个个体以此为标准去行事、思考和判断事物的是非。

所以，不论是宏观层面的国家和社会治理，还是微观层面的公司团队管理，我们都能够看到文化所扮演的角色。特别是对于公司来说，文化的价值还表现在以下几个方面：

提升核心竞争力

在商业社会中，竞争最有效的方式就是获取稀缺资源。当我们手中掌握着别人没有的稀缺资源，比如技术、专利、资质、特殊资源等，我们就能在商业竞争中胜出。而文化也是这样一种稀缺和独占的资源。华为拥有独特的狼性文化，让它在这个市场中势如破竹。企业文化应该是一个公司独有的东西，是所有的竞争对手没有办法去模仿的，是这个团队的基因。

每年都有很多的公司和个人去参观阿里巴巴，希望学到一些东西。但是参观访问回来以后，我们也没有看到哪家公司能够成为另外一个阿里巴巴。我们知道形式可以模仿，但是形之下的"神"，也就是这家公司的内在积淀和底蕴是无法模仿的。阿里巴巴的文化是独有的，这种文化推动着团队的拼搏、创新。这种价值的形成非一日之功，具有独占性、唯一性和稀缺性，是他人无法模仿的，更难以被逾越的，也就是公司重要的核心竞争能力。

降低管理成本

文化是管理的最高境界。给大家举个例子，在国内，行人过斑马线的时候，我们会看到在斑马线旁边有志愿者或者是交通管理者拿着小红旗来指挥大家通行，以确保公共交通的有序进行。如果没有这个小红旗，有些人就会违反交通规则闯红灯。

但是当有些国人到国外旅行，会发现过斑马线的时候，如果红灯亮起，路人都会自觉地等待红灯，就算谁想闯红灯，但是看一下身边等待信号灯的人群，就会不由自主地约束自己。在这样的情形下，即使没有人拿着小红旗维持秩序，没有管理的存在，每一个个体还是会自觉地遵守群体认同的交通秩序和规则。这就是群体认同的文化价值观的可贵之处，本质上还能够降低管理成本。

同理，如果一家公司有着良好的工作氛围和文化，就不需要人为地做更多的管理干预。因为大家都认为本应如此，无须过多约束。这种氛围会推动团队的所有成员朝着积极的的方向前进。所以，如果一个公司培育出了一个非常好的积极的工作文化，管理者会变得非常轻松，团队不需要人盯人的管理，员工就能富有激情地工作。相反，有些公司的管理者需要人盯人的管理方式。这就是价值观和企业文化带来的差异。如果企业不具备好的文化，管理者就必须使用更多的管理方式和强制的手段。所以说，文化是管理的最高境界。

提升企业文化

物以类聚，人以群分，当一个团体有着非常好的工作氛围、工作方式，团队的成员互相融洽协作时，那这个团队一定可以吸引更多优秀的人加入一起共事。所以，文化的价值还在于有效地吸引和招募优秀的人才。一个提倡高绩效、快速成长的文化氛围对于促进优秀人才的加入有非凡的意义。

同时，一个好的公司或者团队文化对公司的稳固也是很有帮助的。如果我们的公司处在一个快速扩张的阶段，会招募来自不同省份、过去在不同公司服务的人才，他们会带着各自的文化体系进入到新团队。这个时候就要求公司的文化体系必须非常牢固和坚实。如果没有一个非常坚实优秀的文化，公司就会被种种各样新加入的文化所冲击，最终公司会形成多文化和差异文化对立并存的局面。这种状况会使公司架构变得非常松散和不稳定。

我们不能忽视文化的价值，而应该正确地认识文化的益处。虽然文化在短时期内给我们带来的效果可能不如提升销售业绩那样迅猛，但是它对于整个团队和公司，都会有持续的长久价值。就像一棵大树，埋下一颗种子的时候，我们不一定能够感受到种子的价值，但如果对它细心呵护，它一定会有一天成长为参天大树，为人们庇荫。

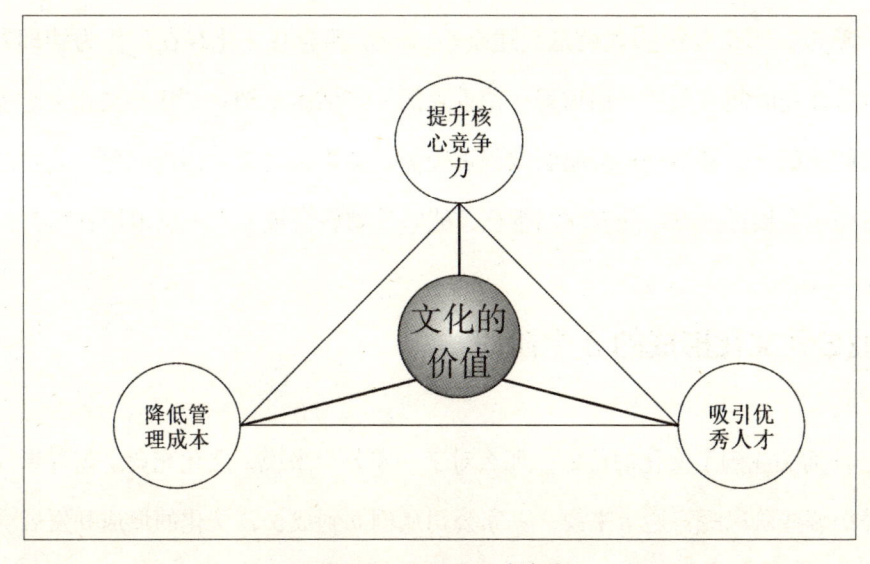

图 6-1　文化的三重价值

对于文化的理解，我们还要避免踏入一些误区。有些人认为公司的规模很小，就不需要考虑建立公司的文化体系。这句话既有正确的成分，也有错误的地方。文化就像院子里的草，不论我们理睬它或是忽视它，它都会自动地生长。如果去打理它、修剪它，它就会长成我们所希望的样子。但是如果不去管理，随着它自身的成长，院子就会野草丛生。

文化对于公司和团队的价值就像空气，虽然感觉不到，但却无时无刻不在影响着我们，给我们提供价值。我们的空气是清新的，还是浑浊的，对于公司的健康会产生截然不同的影响。如果你是一个公司的 CEO 或一个团队的负责人，请你一定要花时间去关注你的团队文化，要想办法塑造优秀的团队文化。这样的公司文化一定会对你的团队或者对公司的成长大有裨益。否则，不良的文化反过来就会影响你的团队，产生非常大的问题。

所以，不论公司的规模是大还是小，一定都会有文化存在。作为管理者，你都应该花时间去关注。用彼得·德鲁克的一句话做总结："坏的文化会吃掉你公司的战略。"哪怕公司战略制定得再完美，如果公司文化出现问题，公司的战略可能也会推进困难，随着时间推移，战略计划就会被一点一点地被吞噬。

创业公司文化形成的 3 个阶段

前面关注到了文化的价值，那么对于一家公司来说，文化究竟是怎样形成，会经历哪些阶段呢？通常来说，一家公司从创立到成长，文化的形成和发展会经历 3 个阶段，这 3 个阶段各有特点。

第一阶段：

创业公司早期的文化其实就是创始人文化。在一个团队中，创始人身上的个性、做事的风格决定了这个公司的文化核心。因为在这个过程中，团队成员都会遵守或者效仿创始人的做事风格和价值观。如果创始人认为一件事情是对的，这个团队的成员也就会接纳这件事。如果负责人觉得某件事情是错误的，这个群体也会逐渐形成对这件事情的负面认知。

创始人对于工作的关注点不同，这家公司的风格也不同。这一点非常明显。比如，BAT 三家公司都有着非常明显的创始人身上的文化特征。阿里巴巴的文化就是马云的文化，是马云身上对外界商业机会的极强敏感性，是他对市场的侵略性，是他身上的创造和创新性。腾讯的文化是典型的工程师和产品经理的文化，他们对于产品细节的打磨非常细致。百度的李彦宏则侧重技术，所以百度员工的技术在整个行业当中是最为人称道的。

一个团队或者一个公司最早的文化是无意识形成的，它来自创始人的个性风格、做事方式或者价值观，这个阶段文化的特点是无意识、无边界的。

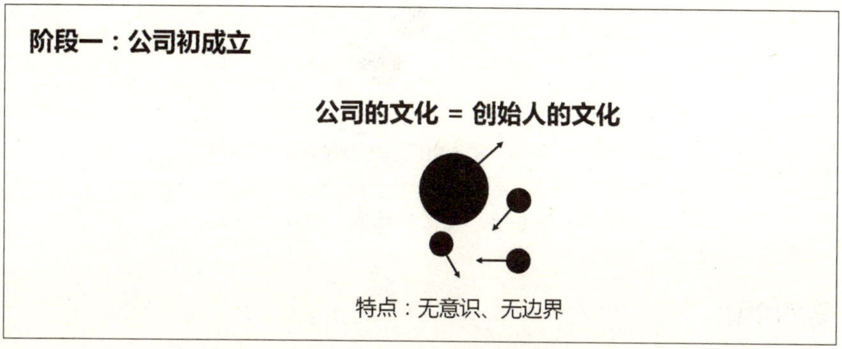

阶段一：公司初成立

公司的文化 = 创始人的文化

特点：无意识、无边界

图 6-2　文化形成第一阶段

第二阶段：

随着公司团队成员的不断增加，从最初的几个人扩展到几十个人，这时候公司的负责人就应该去思考什么样的文化更适合这个团队或者这个公司。之前的风格和方式是属于他个人的风格或方式，但现在的这个阶段要求他去寻找一个更加适合这个团队的文化价值观，只有这样，才更有利于这个团队的愿景、使命和战略目标的实现。

所以在公司团队发展到几十个人的时候，很多的创始人会开始思考这个公司到底需要什么样的文化。虽然创始人身上有非常好的积极文化，但是也会有一些不利于团队的文化，这些不利的方面要做一些修正，进而形成整个公司团队都认同的一种优秀文化。在这个阶段我们会初步地、有意识地塑造我们的文化，慢慢形成一个团队文化的边界。

阶段二：公司成长到几十个人的团队

公司的文化 = 创始人的文化为主 + 公司愿景对文化价值的影响

特点：初步意识，初步塑造、形成边界

图 6-3　文化形成第二阶段

第三阶段：

随着时间的不断推移和公司规模的不断扩张，团队成长到几百人几千人甚至上万人，这个时候的文化就慢慢从最早期的创始人文化发展成了整个团队的文化。当然，在其中还是可以看到很深的创始人文化烙印，但是我们已经形成了团队共同认同的文化规则，我们有明确的文化价值观的标准，我们做事的方式就会在这个阶段形成非常清晰的文化烙印。企业文化会伴随着公司不断地成长，不断地发展。这时候的文化就是这个公司自己的 DNA 了。

阶段三：公司成长到更大规模

公司的文化 = 公司自身的文化为主 + 创始人的文化

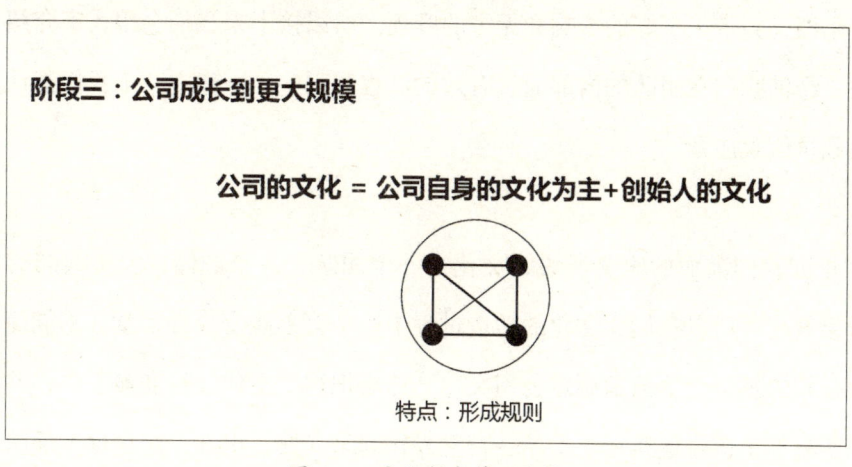

特点：形成规则

图 6-4　文化形成第三阶段

　　这三个阶段就是一个公司文化的发展过程中经历的不同阶段。对于不同的时间节点，团队的管理要有意识地关注当前阶段应该重点关注和培育的方面。可能早期我们不需要花很多时间在文化的培养上，因为对于很多公司来说，最早的任务还是关注业务，找准团队的业务模式、生存之道。但是在团队慢慢扩大以后，我们就需要考虑如何形成团队共同认知的价值观和行事方式，以避免后期被不好的文化所左右。

团队文化塑造"5步法"

文化很重要。那作为一家公司或者一个团队，我们到底应该如何完成企业文化的搭建呢？在团队的塑造过程中，作为团队的负责人，我们需要有意识地去塑造文化，而不是任其发展、信马由缰。否则，企业文化在未来会成为一个不可控的东西，会带来不好的影响和无穷的麻烦。所以接下来我们会跟大家介绍一种方法，帮助我们在团队的内部通过有效的流程和程序，去建立一个我们都认同的文化和价值观体系。

正如我们前面的定义所说，文化是一个团队、一个群体，大家共同的认知和行为规范。所以我们在文化的塑造过程中，千万不能变成一言堂，不能简单地任由公司的负责人单向地制定公司文化，然后把这个文化强行灌输下去，并要求其他所有员工机械地执行。虽然一言堂操作起来简便，也在一定程度上反映了创始人的想法，但是它会导致团队成员在文化的执行过程中，对于文化的理解出现偏差。而且，团队成员对于这种文化的执行也会有抵触情绪。

团队文化作为大家后期必须共享的思维和行为方式，在塑造的过程当中，一定要考虑全员的感受。这就要求我们在文化的制定过程中，既要考虑团队负责人、创始人的主要认知和态度，同时也要让所有员工或者核心成员能够参与到这个过程当中，让大家觉得文化是共同创造的，这对于后期文化的执行是非常有帮助的。

我们通常用一个叫作"5步法"的文化塑造方法来完成整个文化体系的执行，

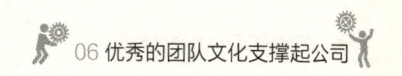

接下来就跟大家介绍一下"5步法"是如何具体操作的。

第一步：公司的领导层头脑风暴

头脑风暴是一个研讨会，参与人员是公司的核心人员。首先请参会的每一个人写出5到6个心目中公司应该具备的文化价值观，或者是这个团队未来的文化发展方向，员工未来应该遵循的思考或者做事的方式。

在这个过程中，团队的每个人都需要思考，整个团队或者整个公司在乎什么，又在追求什么，我们想要成为一家什么样的公司，如何看待我们的客户，如何看待我们的员工，我们希望大家怎样去做事，大家喜欢和什么类型的人一起工作，共事的方式是怎样的，什么对于实现公司的愿景最重要。每个人写出5到6个答案以后，我们对一些观点进行合并和提炼，最终形成10个左右团队所希望的文化和价值观。这就是会议的初稿，也叫作文化价值观的管理层初稿。

思考的问题	① 如何看待人和事？
· 我们在乎什么？我们追求什么？ · 我们想要一家什么样的公司？ · 我们如何看待我们的客户、员工、产品？ · 我们如何做事？ · 我们喜欢和什么类型的人一起工作？ 　我们如何共事？ · 什么对实现公司愿景最重要？	客户　公司 外部环境 ——— 竞争 生活　同事 ② 如何做人、做事？

图6-5　创立文化时应思考的问题

第二步：小组讨论

召开一场全公司成员的会议，将参会人员分成不同的小组，每个小组5到8个人；并把参与初稿制定的公司管理层人员分派到不同的小组当中，让每个小组对我们头脑风暴出来的文化价值观初稿进行讨论。如果公司的规模不大，希望尽量全体成员参与；如果公司的规模很大，我们可以找一些核心成员来参加。

讨论的内容也是我们前文中所提到的问题，从这个团队的角度来看，在原有的基础上，大家希望补充什么样的做事方式和共识。经过这样的一个讨论，在原有的基础上会增加10到20个价值观和文化体系的内容。我们再进行合并同类项，进行排优。这个会议非常重要，因为能够达成一个全员共同认同的文化和价值观的体系。因为是全员参与，大家能够理解价值观所表达的具体含义。比如，对待创新，大家是否认为创新对于我们这个团队和公司是最有价值的，我们公司对创新到底是怎么理解的，什么样的行为才叫创新。这一系列的讨论过程非常重要。

第三步：讨论结果反馈

我们再把全员头脑风暴形成的文化和价值观文件反馈到管理层。这个时候，需要CEO或团队的负责人来做最终的决定，因为他将决定这个团队的主要基调。他将从这十几个价值观中，进行排优，形成整个文化价值观的定稿。定稿的内容要求我们对文字进行提炼。同时要对每一条提炼的内容给出一个详细的注释或者解释。这样我们就完成了企业文化的定稿。

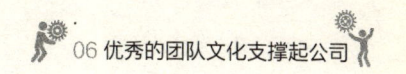

第四步：正式颁布

我们要把三轮沟通讨论以后形成的文化价值观体系向全公司正式颁布，这是一个正式的行为。除了正式的发布之外，还需要通过其他外在的形式进行展示。比如，发布手册及在网站上等一系列大家可以看到的地方进行展示。同时，我们还希望各个团队的成员或者各个部门的主管能够经常思考，如何在我们日常的工作和管理中把今天定下来的这些价值观体现出来，如何更好地把这些文化落于实处。

此外，我们在文化体系刚刚颁布的几周时间里，需要反复地和员工沟通、解释，倾听员工的反馈，看看这些文化价值观在实际的执行过程中是否有问题。获取员工反馈的最好方式，就是设定一些奖项。对于执行得比较好的员工，我们可以更公开地给予一些物质鼓励或者精神鼓励，让大家认识到这样的行为是公司所认同的，这样，员工也会积极地去执行或者去效仿。

第五步：年末回顾

到了一年年末，团队要对自己制定的新文化体系的执行进行一个回顾。我们需要审视文化体系执行得怎么样，里面是否存在问题，是否需要一些调整，或者文化体系执行得非常好，并不需改动，继续遵照执行。

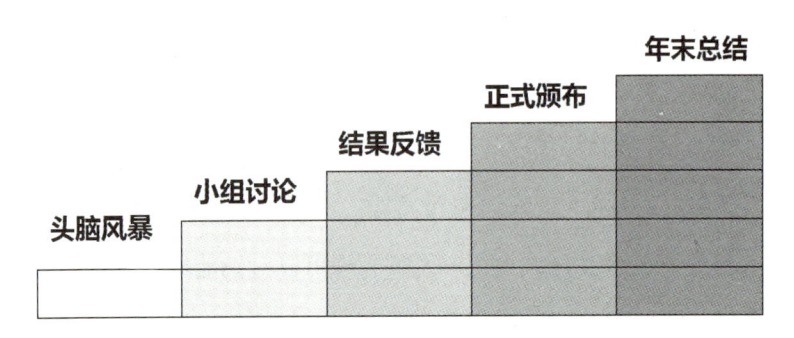

图 6-6　塑造公司文化的"5步法"

通过这样5个步骤，我们就可以将原来看不到的、散落在大家脑海中的、没有规范的文化体系，进行提炼总结，最终形成能够看得到的、在实际过程中可以执行的东西，进而形成我们这个组织和团队的有效文化。这样全员参与的五步法文化价值观制定方式，对于后期团队文化的执行是非常有帮助的。

文化落地的 7 个招式

前面我们通过五步法把文化制定出来了，接下来大家关心的问题，也是文化最常见的问题，就是如何让文化落地。

之所以要讲到这个内容，是因为在现实中，有很多人对文化的执行也有很多困惑，不知道怎样才能让文化落地。很多企业员工认为一本文化手册就是文化的全部内容，除此之外就跟自己没什么关系了。

而我们需要考虑的是，如何让文化渗透到组织当中去，让文化成为组织的血液，成为团队组织的DNA，而不仅仅是成为这个团队的一顶随时可以摘掉的帽子。如果文化只是表面的形式，它就不能对我们的整体行为产生价值。所以在这一节，会告诉大家需要做哪些事情才能让文化真正地渗透到我们的团队当中去，哪些方法才能让它真正地成为我们组织的血液。

第一招：外在形式

文化有一些外在的形式，虽然外在的可能价值并不大，但是它也有存在的必要。至少在感官上，我们需要意识到它的存在，要内外结合，让文化的内容在组织中完成渗透。所以，我们还是需要有类似文化手册这样的东西。很多伟大优秀的公司文化手册都做得非常精美。比如美国著名的视频网站 Netflix（奈飞）的文化手册就非常精美。还有一家叫 valve 的游戏公司的员工手册也做得非常好。良好的文化手册是非常有必要的，而空洞的口号式手册对我们才是没有意义的。

另外，在公司的环境布置上，我们要有意识地去打造文化价值观，要让员工时时能够看到我们的价值观，需要时时刻刻提醒大家按照我们的价值观行事，这才能让价值观融入我们的行为、思想和血液中。同时我们还需要有一系列的其文化建设过程，比如团队建设，以此来提升我们的团队文化，让员工之间互相协作，互相创新。这些是企业文化外在的表现形式，我们需要用心去做，让员工愿意主动去感知、了解、学习企业文化。

第二招：将文化转换成行为

我们要把文化价值观这种精练的语言转换成直观的行为，让大家在日常的行为中知道什么样的行为是在践行我们的文化和价值观。比如，对待创新，大家的认知可能是不完全一致的。在奈飞这家公司中，单单对于创新，就有以下具体的定义：

一、能够通过重新认识事物来发现解决难题的方案，这是对创新的定义。

二、能够挑战已经审核通过的方案，并且能够提出更好的建议，这可以证明你具有创新能力。

三、能够简化事物，使复杂的流程简单化，使我们更灵活、更敏捷。

因此，所谓的文化落地、价值观落地，其实是把它变成我们具体的行为和我们能看得见的东西。创新是很宽泛的概念，但是它一旦变成上述的具体行为，我们就能在实际的工作中通过有效的思考去创造新的解决方案，节约我们的时间。这是我们推崇的创新的真正含义。

第三招：招募把关

我们在招募人员的过程中应当把员工的价值观与团队的契合程度纳入招募员工的重要标准之一。我们在招募员工的时候，需要判断他的文化和价值观是否跟我们公司契合。如果他的文化价值观与团队文化大相径庭，不管他的能力多强，我们也不应该录用。在招募新员工时，需要设立文化和价值观门槛，这一点是非常重要的。

第四招：员工培训

在新员工的培训过程中，我们必须非常关注价值观的传递。管理者要让每一个新员工认识到这个公司的价值观，让他们深刻理解每一个条价值观到底意味着什么，要让新员工意识到价值观是做事的红线，是一定要去遵守的，在自身行

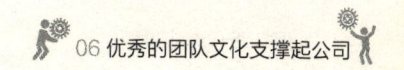

为中是非常重要的。

第五招：纳入评估

我们要把文化融入绩效中去。阿里巴巴在员工考评时有50%的部分是业绩考核，还有50%的部分是文化和价值观的执行情况考核。我们的文化价值观考核比重不一定要和阿里巴巴一样高，但是放入价值观的考核是非常有必要的。所以，我们应该把文化价值观放到一个优先和重要的层面，让员工在每天的行为中意识到文化价值观不是可有可无的。自己除了关注业绩，还必须关注集体共同认同的文化和价值观，只有遵守了这样的文化价值观，付出才是有意义的，才能够获得更多的奖励和鼓励。

第六招：决策依据

我们还要把文化和价值观作为重要事项的决策依据。当我们在做业务决策的时候，一定要考虑这样的决定是否有损于团队的价值观，然后决定这件事情到底应不应该做。比如，我们在决定商家搜索引擎的排名时，应该更多地考虑信息对用户的价值、信息的真实度，还是考虑商家为了靠前位置愿意支付的金额。不同的价值观决定了我们在业务执行的过程中是否应该做出某种决策。

第七招：树立榜样，赏罚分明

在执行的过程中，我们还有一些细节的操作需要注意。那就是在文化价值观的执行中，我们要格外注意的一条规则就是言行举止。在执行的过程当中，对于员工符合价值观的行为，我们要用最大的力量去宣传，让大家知道这是我们公司集体认同的方式，这就是模仿的作用。

同时，管理层一定要以身作则，做到表率作用。管理层一定要做得比别人更好，更遵守文化和价值观的标准，让更多的人愿意去效仿，树立榜样的力量。这点非常重要，特别是在企业文化形成的初期阶段，榜样的力量是非常巨大的，这能够让大家觉得这件事情是必须认真对待的。

对于公司许可的、鼓励发生的行为要不断地放大，向公司全体员工表明这是好的行为。同样，在文化执行的过程中，要严格指出员工不好的行为。如果我们发现某个员工有违反文化价值观的错误行为，我们必须严肃处理、予以指正。比如销售团队中的员工，在推销时经常会采取触碰公司底线的推销行为，此时我们需要做的就是无情拒绝，设置底线，把这些行为扼杀在摇篮里。管理层一旦发现这样的行为，要快速、及时地消灭这种行为，并给予过错员工惩罚，严重者甚至可以把他清除出队伍。通过惩罚，大家意识到管理层对待这件事情是认真、严肃的。员工会认识到这件事情的边界，也就是我们共同的底线，任何人都不能轻易触碰和违反这个底线。

我们通过这样一系列的方式，就把文化价值观的体系牢牢印刻在组织中的不同层级员工的观念和行为中，让他们自觉地、主动地或是被动地按照这样的方式来执行。这对于我们整个文化价值观的落地和执行非常有帮助。

同时，在文化的执行的过程中，我们还要避开一些误区。

误区一：推行文化只是 HR 的责任。

文化的执行和推广绝不仅仅是 HR 的任务和责任。从公司的层面来说，最应该推行文化的人应该是这个公司的CEO。对一个团队而言,文化的建立和推行一定是由团队的负责人主导的,因为只有他才能把这件事做好。如果简单地推给其他人,建立的文化价值体系就会缺少效率和价值。

误区二:急功近利,希望文化立刻生效,转化业绩。
　　文化培育的过程不是一蹴而就的,不能马上就看到效果和结果。文化培育的过程就像种一棵树,我们早期埋下了一颗种子,并不断地去浇灌它,虽然在短时间内我们是看不到任何结果的。但是请相信,假以时日,我们悉心呵护的这颗种子一定会变成一棵参天大树。届时,组织或团队一定会得到非常好的价值和回报。这才是文化带给我们真正的价值。

　　最后,在文化的执行过程中,我们可以去学习借鉴一些好的公司的文化和价值观体系。我们可以参照他们的体系,融合各方面经验以形成我们自己独特的文化体系。大家可以参考前文中介绍过的一些知名公司的文化体系,包括奈飞、谷歌、领英的企业文化手册和他们整体的体系。这些都是值得大家去学习、参考和借鉴的。

如何打造一流创业团队

世界最优秀公司的公司文化

公司	文化	公司	文化
amazon	有趣 快节奏的工作环境 疯狂	NETFLIX	淘汰制 知难而上 培训制
Apple	令人舒适 保持控制 感性	salesforce	认真工作，拼命玩 绩效主义 员工都是明星
facebook	我们是一个家庭 去除感情 讲故事	slack	持久的关系 一切都有意义 深切关注
Google	一流的 不断去证明 解决问题	Twitter	阅读为重 学习的激情 多元化视角
Microsoft	驱动员工 不满足现状 竞争	UBER	不计代价 高效文化 员工都是明星

图 6-7　优秀公司的文化

07

创业者的领导力提升

　　一个创业团队的好坏,决定因素绝不只是员工的能力,更重要的是团队的负责人。同样一支球队,不同教练指导,带出来的水平也会千差万别。创始人的领导水平是优秀团队的重要标志之一。这一章节,主要围绕一个团队的负责人展开,讲述领导者应该怎样表现?在什么样的情形下如何领导才更合理和正确?

创业者的 6 种领导风格

从团队领导者风格的角度来说，有6种不同的领导风格，包括命令型、愿景型、亲和型、民主型、标杆型和教练型。那不同类型的领导风格在团队当中的表现形式是什么，会产生怎样的价值呢？我们又应该怎么样去使用这些领导风格呢？在接下来的章节中，会一一跟大家介绍。同时，在看这本书的你如果是一名管理者，也请想一想你自己的领导风格是什么样的，你会怎样去领导团队？

领导风格	命令型	愿景型	亲和型
领导者的工作方式	要求立即服从	动员下属向愿景努力工作	建立和谐的情感纽带
一句话描述	"按我说的做"	"跟我来"	"员工优先"
起作用的情商能力	成就导向、主动性、自我控制力	自信、同理心、变革催化能力	同理心、关系建立能力、沟通能力
最适合的运用场合	发生危机时扭转局面，应对问题员工	当组织需要新的愿景或明确的发展方向时	回复团队凝聚力；在高压下鼓舞员工士气
对组织气氛的整体影响	负面	正面	正面
领导力风格	民主型	标杆型	教练型
领导者的工作方式	通过鼓励参与建立共识	建立很高的业绩标准	为组织未来培养人才
一句话描述	"你的想法是"	"现在就按照我的方式做"	"试试这个"
起作用的情商能力	合作能力、团队领导力、沟通能力	勤勉、成就导向、主动性	培养他人的能力、同理心、自我认知力
最适合的运用场合	争取员工支持和建立共识；让优秀员工献计献策	领导一支主动性高、专业能力强的队伍，快速地取得业绩	帮助下属提高业绩表现；建设组织长期能力
对组织气氛的整体影响	正面	负面	正面

表 7-1 6 种领导风格

风格一：命令型

这个风格的领导者主要的特点是：说一不二。他做出的决策，团队的员工必须无条件地执行。而且下属在执行问题过程中出现错误的时候，他会毫不留情地指责。即使员工有不同的想法，他也会通过命令和强硬的方式，让员工放弃自己的主张。诸如"按我所说的做"这样的表达是命令型领导主要的语言特点。请大家看看自己是不是一个命令型的领导者。这是命令型的管理者和领导者典型的风格。

命令型领导者更多地出现在一些比较简单明了的工作领域，如标准化流水线操作的工厂、军队等。这些领域要求被领导者有效、快速地执行好领导者下达的任务。除此之外，公司出现危机时、员工违反规定触碰底线时，也要用这种非常强硬的方式要求他们改变。

但命令型领导也有自己的缺点，他们会让员工觉得领导缺乏对员工足够的尊重，这种方式会打压员工的自我思考能力。长此以往，员工会缺乏团队的参与感。大家就会只关注眼前而没有长远的规划。如果你一直表现出很强硬的命令型的领导风格，请你考虑一下这种风格在你目前的团队管理情境下是否合适，你是否只需要员工无条件地执行你的命令，除了执行力之外是否还需要员工的思维和创新。

如果领导者希望团队的成员跟自己一样去思考问题、发现问题和解决问题，和自己一样创新，那可能这个风格的使用上就需要有一些变化，只能在一些特定的场景使用命令式的风格。这就要求领导者和管理者要有很强的自控能力，知道

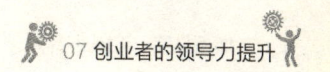

在什么样的场合使用命令型的风格,而不是所有的场合都使用,否则会对团队的成长带来一定的负面影响。

风格二:愿景型

愿景型的领导会向团队成员描述前进的方向,而且会告诉大家朝着这个前进方向所能达到的目的地是多么激动人心,多么意义非凡,会让每个员工都知道自己在这个团队的成长中扮演着重要的角色,让每一个人意识到自己已经被纳入到公司的愿景和目标之中。所以,愿景型的领导方式更多地出现在创业型公司。

马云就经常用这种方式,尤其是在阿里巴巴的早期阶段,他会跟大家反复强调阿里巴巴的事业是要实现一个伟大的梦想,在这个梦想中,每个人都有各自的角色,都有着体现每个人价值的事情。在我们创业的过程中,在我们向团队的成员去描绘一种美好前景的时候,我们使用的就是愿景型的领导方式。

愿景型的领导方式,对于领导者的要求很高。领导者首先要有一种讲故事的能力。领导者自己要对愿景深信不疑,还要把这个种子植入到每一个员工的心中并且深深扎根,让大家觉得只要跟着领导者,就能够实现伟大的梦想。所以,愿景型领导的好处在于可以让成员有方向、有憧憬,可以引导大家意识到整个团队中每个人的价值,这样员工自然而然也就拥有了责任心。

当然,愿景型领导也需要拿捏好尺度。愿景不能是不切实际的,也不能纸上谈兵,让人们觉得无法实现。所以,在采用愿景型领导风格的时候,领导者需要把宏观愿景和微观的可实现的里程碑结合起来,既有伟大的愿景,又在不同的时间点，可以取得一个个阶段性的成绩，并让这些成绩不断地鼓舞团队。这才是愿景型领导风格比较好的执行方式，这种方式可以给团队更多的激励，让大家认识到公司前景。

风格三：亲和型

亲和型的领导力风格致力于培养良好的、亲密的团队关系，希望人与人之间保持一种愉悦的氛围，建立一种跟员工强烈的情感连接，它的理念就是以人为本。亲和型领导者很擅长用赞扬和鼓励的方式与员工们进行互动。

亲和型领导风格的优势是有助于整个团队的协作，让整个团队之间的气氛融洽，建立一种互相信任的关系。亲和型的领导不会对员工如何完成任务做出具体的指令，他们会给员工一定的自由度，让员工自己去创新，让员工自己去选择做事的方式。

但是亲和型领导风格的缺点在于不适合单独使用。因为亲和型的领导者并不关注业绩的提升，他们的第一关注点还是在人和人之间的情绪和情感的维系上。所以这种领导风格是要结合其他的领导风格一起使用的。亲和型风格在提升员工的士气、让员工感觉到这个团队的人性化氛围时非常有效。它可以让员工感觉到公司是有雇主品牌的。但不能只使用这一种领导力风格，必须配合着其他的领导力风格以兼顾我们的对业绩的要求。

很多公司的人力资源部管理者，比如人力资源总监，往往倾向于采用亲和型的领导风格。因为他们更关注怎样营造一个融洽的工作氛围。他们会更关注员工,更关怀员工,更希望让员工感觉到被尊重。但是他们对业绩的关注就会比较少。还有一种情形需要亲和型领导风格,就是鼓励员工的自我创新。此时,这种风格的领导允许员工在创新中犯错误,不会去过分关注员工的做事方式。

风格四:民主型

民主型风格的领导很愿意花时间与团队的成员以民主的方式建立信任,他们更加在乎员工的参与感,更希望让员工发表自己的建议,并且让员工在决策中扮演合适的角色。在决策时他们更倾向于采用民主的方式,会广泛地征求员工的想法和意见,结合大家的各种建议和意见达成共识。民主型风格的优点是领导可以让员工感觉到自身的价值,更容易让员工有参与感,更容易让员工在这个团队中彼此建立信任。

但是民主型也会有缺陷,使用这种风格一定会导致效率受到影响。公司为了达成共识要多次讨论,会针对一些问题频繁召开会议,而且最终也很难做出一个决定。尤其是在民主型领导者缺乏判断能力并且员工的能力又有限的情况下,团队的执行效率就会非常低。所以民主型和命令型是两个不同的极端。命令型直接指定员工按照某种方式去操作,而民主型更加在乎每个员工或者每个团队成员的意见,这就是它们的本质区别。

民主型的领导风格在需要员工提出意见和观点时是比较合适的。比如,我们前面说过,在团队文化建设中,我们希望团队文化是属于团队的,要融入每一个人的行为和意识中。那么,文化的制定过程就要采用更民主的方式。此时,作为团队管理者,我们就要用民主型的方式来进行决策,让每个员工对这个共享的文化内涵进行判断，这样大家才会觉得这个决策是群体参与的，大家才会执行得比较好。

另一个民主型风格使用的场合就是虽然你成了一个领导，但是对某一个行业并不是很熟悉和专业，需要听取别人的建议。比如，公司刚刚进入到一个新的技术领域，作为公司的 CEO 或者负责人，你并不了解核心技术的细节，那么可能需要听取一些技术专家和大家的建议，作为决策的依据。同样，它也是有利有弊的，它有自己适合的场景和不适合的场景。

风格五：标杆型

标杆型的领导力风格，正如它的名称所示，以领导者作为做事的标杆。领导者会设定一个非常高的绩效标准，然后亲自示范，并要求员工依照此种方式来操作。它的标准非常高，要求领导自身有非常高的专业能力和水平。当员工做得不好的时候，领导者会立刻要求员工去更改或者提升。但是员工仍然很难去达到他们的要求时，他们会第一时间去尝试替代这个员工。这些标杆型的领导可能认为员工的效率低，所以不会及时给员工反馈。有时候员工的效率很低，那他们就更倾向于自己来做，这就是这种标杆型的领导者典型的表现。

标杆型的领导者自身一定具有超强的能力，他要求他的团队成员以他为参照的标准。标杆型的领导风格的优点是可以达成极高的效率，短时期就可以大幅度提升业绩，因为团队拥有良好的工作方法和目标。如果团队成员的能力又很出众的话，那整个团队的绩效就会成长得非常快。因为大家目标清晰，而且还有比较好的操作方式，所以效率高是意料之中的。

标杆型风格的缺点在于领导的要求是非常高的，所以员工的行为一旦达不到领导者的要求，就很难得到领导的认可。因此，一方面员工的压力会非常大，整个团队的士气会下降，另一方面标杆型的领导者并不信任员工，工作就会变成任务导向型的工作，领导会以高标准来监督任务执行的过程。它跟亲和型风格是完全不同的。此种风格是不关注人的，只会关注事情的完成结果，而亲和型更多的是关注人的发展，这就是二者的区别。

还有一个缺点也很明显。领导在的时候，大家都有很明确的方向，但是一旦领导不在，员工就没有了方向感，他们会缺乏目标，整个团队会停滞不前。标杆型风格适合的使用场景是员工都有比较强的自主工作能力，都有自发工作的能力，而且他们的个人能力也都必须非常强，不需要很多的指导与协调，只要领导定好标准和大概的目标，就可以自己做好这件事情。

还有一个条件就是要求团队的士气高昂，标杆型领导者渴望快速地取得成果。鉴于标杆型风格有着前面所讲的一些缺点，所以并不能单独地使用，否则会导致整个团队缺乏亲和力和凝聚力。员工的士气慢慢会下降，大家只关注于事情本身，缺少一些人情味的东西，这个团队的凝聚力也会下降。这种风格在短期对实现某些目标任务是有帮助的，但长期来说，对于团队的持久运营是有影响的。

在一些项目制的情境中，我们会比较多地使用标杆型领导风格。因为项目制的场景有很清晰的目标，有严格的时间界限，项目成员都是精挑细选的最优秀的成员，大家会合作得非常好，每个人的能力都很强。所以在这样的团队中，我们使用标杆型的领导方式就可以让一个项目执行得非常顺利。

风格六：教练型

顾名思义，教练型领导者能够跟下属一起分析员工工作上的不足和长处，把员工的优势、劣势跟他的工作结合起来。作为教练型的领导者，他更关注的是员工长期的目标和发展，更关注个体的职业成长或者职业规划，而不是短期的得失成败。

教练型的领导更愿意授权给员工，让员工尝试不同的有挑战性的任务。虽然短期内员工在完成这些任务的过程中会犯错，但这对于员工长期能力的培养是有帮助的。所以教练型领导会经常使用一些语言来鼓励员工尝试，如"不妨试试看"。教练型领导的优点就是以短期的失败，换取长期的成绩。领导对员工的成长充满了耐心，允许员工去试错，会长期地培养员工的能力，所以对于培养向心力是很有帮助的。

教练型同样也有自己的不足之处，它的使用对教练本人的要求很高，因为毕竟这种风格着眼于长期目标的实现，短期看不出结果。所以教练型领导需要能看得非常长远。如果大家执行得不到位，可能会功亏一篑。同样，它对下属的要求也很高，需要下属有比较高的潜质，成长得快速。还有，如果使用教练型的领导方式，在对员工的管理过程中需要花更多的精力，不能像命令型和标杆型的领导，我们需要对员工有更多的、全方位的辅导，才会让成员有比较好的成长。

在使用教练型领导风格时，我们要注意：我们只有对需要重点培养的员工，才应该使用教练型的方式。比如，我们培养一个体操运动员，一般都是从小开始培养，把他从一棵苗子培养成未来的奥运冠军。这个风格要求教练的素质和团队成员的学习意愿都很高。教练型风格不可能对每一个团队成员使用，只能针对具体的个别员工采用这种风格。

以上就是我们团队管理者的 6 个领导风格。请大家想一想，在团队中，你作为一个管理者或领导者，更倾向使用的和经常使用的风格是哪一种，使用的这个风格和你所处的情境是否是匹配的。如果你使用的风格跟你的情景不匹配，那可能会产生负面的效果。

比如，在一个需要大家集思广益，需要鼓励大家创新和听取大家更多专业意见的领域，使用的是命令型的领导风格，那可能就会适得其反。在这个时候我们就要调整领导风格，把领导风格调整成民主型的风格。再比如，我们可能需要快速地去实现一个短期的业绩目标，希望大家齐心协力快速发挥每个人的能力，完成一个目标，这个时候如果用的是一种亲和型的领导风格，那也是有问题的。面对此种情境，我们可能需要用标杆型的领导力风格来执行。所以不同的领导风格，只在对应的情境中才是有价值的。

不同领导风格，对于员工士气的影响是不同的。命令型领导要求大家绝对服从。但是它对员工的士气是有影响的，不利于员工士气的提升。愿景型的领导愿意带领大家朝着某个方向前进，这对于团队的士气是有帮助的。亲和型领导主要追求感情上的连接与和谐，这对于士气也是有帮助的。民主型的主要特点是通过参与的方式来达成共识。标杆型要求员工能够自我领导，它对于员工士气的影响也不是正向的，因为这种领导者更关注事情本身。教练型主要目的是培养未来的人才。这是不同的领导风格所呈现的不同特点和适用的一些情境。

领导方式	行动	对团队士气影响	表现
命令型	要求立即服从	-	"按我说的做"
愿景型	带领大家朝着某个方向前进	++	"跟我来"
亲和型	创造感情上的连接与和谐	+	"员工优先"
民主型	通过参与来建立共识	+	"你的想法是"
标杆型	要求员工自我领导	-	"现在就按照我的方式做"
教练型	培养未来人才	+	"试试这个"

表7-2　6种领导风格的影响和表现

在公司的治理中，有一些领导力的风格是可以长期使用的，有些风格不能单独使用的，只能在特定的方式或者特定的情境下使用。愿景型的风格适合创业的初期。如果这个团队是一个早期团队，在我们需要通过一些未来的梦想或者愿景和目标来鼓舞大家的时候，愿景型风格是比较好的，这个是可以频繁使用的一种领导力的风格，可以在很多场合去使用。

我们强调民主型的领导风格一定不能被单独使用，它也是需要在特定的场合下使用。因为它会导致整体的效率低下。民主型风格也是可以长期使用的。但是民主型也需要其他风格去辅助，因为单纯的民主型或者亲和型的风格不能帮助我们去达成我们的业绩目标。标杆型风格也是要分场合来使用的，在任何场合下都使用标杆型风格会导致团队缺乏未来的接班人，所以标杆型风格一定要跟教练型风格配合使用。标杆型适用于短期的目标，追求团队短期内达成目标，而教练型则致力于培养未来的人才。大家要注意的是，不能在所有的场合都使用命令型风格，否则会导致领导者失去民心，所以这种风格只有在特殊的时期进行使用才会比较好。

在一个公司的高管团队中，我们每个职位的领导者身上的风格应该怎样配置比较好呢？对于CEO来说，他应该更多地使用愿景型领导风格。因为他要鼓舞、带动大家向前发展。如果你是这个团队的主要负责人，那你可以更多地尝试愿景型风格与民主型风格。

那专业能力比较高的CMO或者CTO，或者在团队中负责专业性比较强的人，他们的领导风格更多地会是标杆型和教练型。他们会用标杆型风格完成短期的任务，并用教练型风格培养长期的专业人才。人力资源部的HR，他们则更多地会采用亲和型的方式来维持融洽的团队人际关系。除此之外，HR还要使用教练型的风格，以培养人才。对于公司的基层员工，领导更多地会采取命令型的风格，因为基层工作相对简单，只需要员工听从指令即可。所以命令型的成分会比较大，同时还会加上一些简单的教练型风格，就可以达成我们希望的目标。

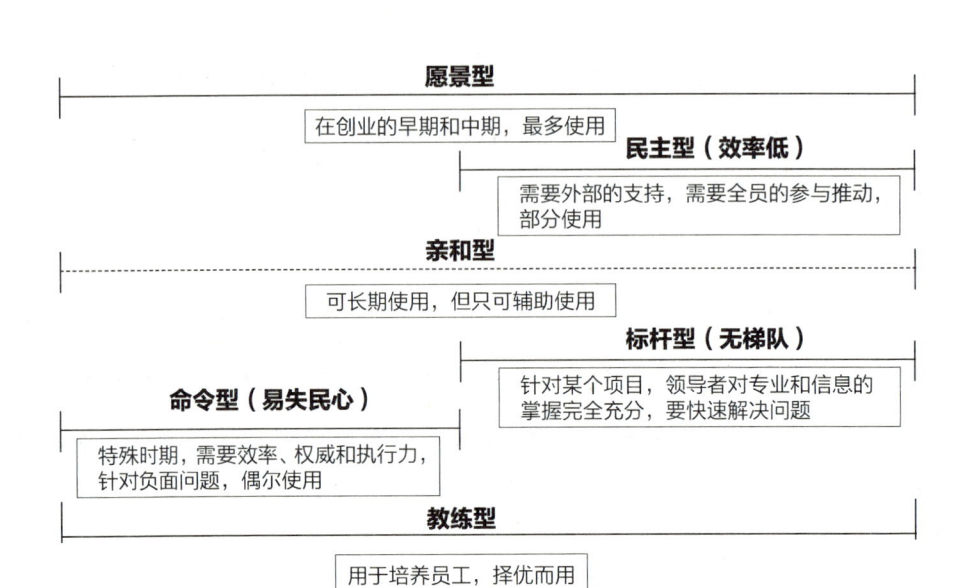

```
愿景型
  在创业的早期和中期,最多使用
          民主型(效率低)
            需要外部的支持,需要全员的参与推动,
            部分使用
      亲和型
  可长期使用,但只可辅助使用
          标杆型(无梯队)
            针对某个项目,领导者对专业和信息的
    命令型(易失民心)   掌握完全充分,要快速解决问题
    特殊时期,需要效率、权威和执行力,
    针对负面问题,偶尔使用
      教练型
  用于培养员工,择优而用
```

图 7-1 创业者领导风格情境图

创始人需要具备的 12 个品质

一个优秀的领导者不应该只是单纯地采用某一种领导风格,应该能够根据情境的转变,采用不同的风格和方式。管理者和领导者应当清楚地辨别出目前所处的情境和环境如何,然后根据需要,转变自己的领导方式,这样对整个团队的绩效是非常有帮助的。

管理风格的选取就像在打高尔夫球,高尔夫球有不同的球杆,球手会根据每一个球的不同状况来思考用什么样的球杆才能击出最好的球,这也是一名优秀的管理者和领导者所应该具备的能力。但是,一个人很难具备所有的领导风格,那就需要通过组建团队的方式来弥补个体在某些能力上或领导方式上的缺陷。

在接下来的内容里，我会跟大家介绍一些具体的技巧和一名好的管理者在具体操作中应该注意的问题。作为一个好的团队管理者，他应该具备12个方面的能力。请大家自己判断一下，自己是否具备了这12个方面的能力。

一、布道者

首先作为一个好的管理者，同时也应当是一个好的布道者。正如我们一直讲的，好的领导者，如马云和乔布斯，一定会在很多场合不断地去推广和宣传自己的产品、企业愿景和使命，让团队有统一的目标和方向，这也是一个品牌对外推广的过程，它可以提高产品的影响力。所以，现在看到很多公司的管理者或者一些创始人，他们本身就是这个公司最好的代言人。比如，罗永浩就是锤子手机的IP，是这个品牌和产品的布道者。所以领导者的角色应当是一个布道者。

二、文化使者

第二个角色应该是一个文化的使者。因为一个团队的负责人或者领导者可以塑造整个团队文化的核心。所以领导者一定要对自己的行为有意识，要认识到哪些行为是希望这个团队效仿和保持的。对于团队不应该发生的行为，必须要克制自己，不要让这样的行为在自己身上发生。团队的文化使者必须用自己的思考、行为和价值观去引导整个团队。这就是领导者的第二个重要的角色，要成为文化使者，以身作则，推动团队文化的搭建和推广。

三、教导者

一名好的领导者也应该是一名教导者，应该给团队的成员提供不断的学习和成长的机会，让他们在这个团队当中找到自己的职业坐标，以此来不断提升整个团队的水平。同时，一个领导者还应该是一个身先士卒的铺路者，面对困难和挑战，应该冲在最前面，通过探索和尝试走出一条可行的道路，然后再带领所有的团队成员朝着这个方向前进。在业务发展的前期有太多的不确定性，需要更多的决策和资源导向，如果领导者探索出了一条可行的道路，那团队的成员也能够随之走得更快。

优秀的团队领导者还应该具备激发和鼓励的能力，而不仅仅是直接的细节管理。特别是面对"90后"，甚至是"00后"的员工，应该鼓励他们做出一些创新和创造，应该用一些好的方式激发他们去思考，激发他们为这个团队做出更多的贡献。而不是采用以前的人盯人、一对一的管理方式，并命令员工严格按照领导者要求的方式来执行任务。

四、支持而不替代

好的领导应该是提供给员工们支持和帮助，而非代替他们工作。我们有一个很好的比喻，就是要做"114"一样的领导者，而不要做"119"型的领导者，众所周知"114"是号码百事通，在团队的成员在执行任务的过程中，领导者的价值应该和"114"一样是提供更多的信息和资源，支持员工实现他所负责的目标，而不是像一个救火队员一样，冲进火场代替员工完成他应该做的事情。所以好的领导是支持型的，而不是代劳型的。

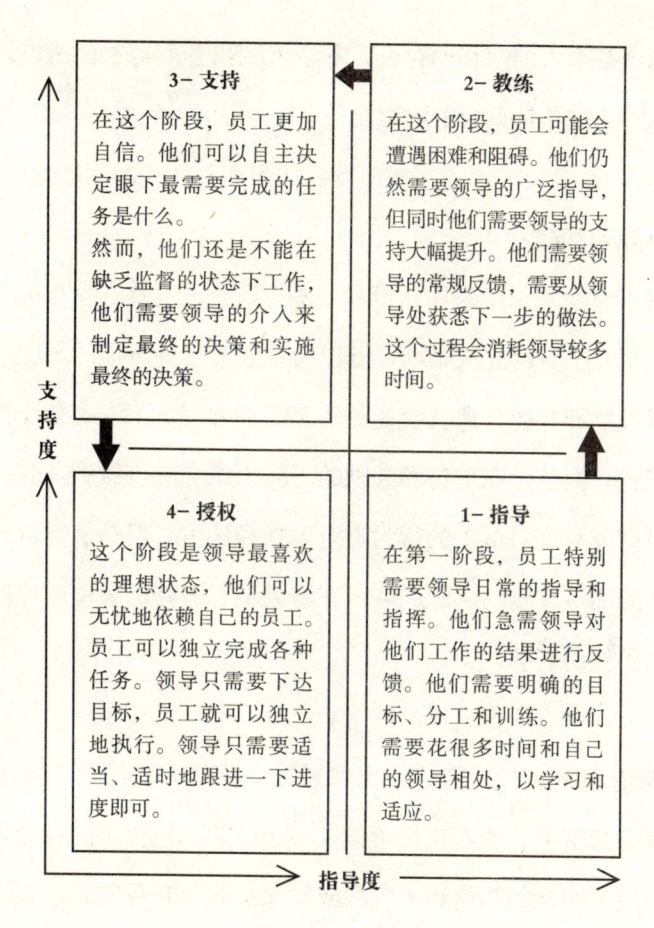

```
            3- 支持                    2- 教练
    在这个阶段，员工更加        在这个阶段，员工可能会
    自信。他们可以自主决        遭遇困难和阻碍。他们仍
    定眼下最需要完成的任        然需要领导的广泛指导，
    务是什么。                  但同时他们需要领导的支
    然而，他们还是不能在        持大幅提升。他们需要领
    缺乏监督的状态下工作，      导的常规反馈，需要从领
    他们需要领导的介入来        导处获悉下一步的做法。
    制定最终的决策和实施        这个过程会消耗领导较多
    最终的决策。                时间。

支
持
度
            4- 授权                    1- 指导
    这个阶段是领导最喜欢        在第一阶段，员工特别
    的理想状态，他们可以        需要领导日常的指导和
    无忧地依赖自己的员工。      指挥。他们急需领导对
    员工可以独立完成各种        他们工作的结果进行反
    任务。领导只需要下达        馈。他们需要明确的目
    目标，员工就可以独立        标、分工和训练。他们
    地执行。领导只需要适        需要花很多时间和自己
    当、适时地跟进一下进        的领导相处，以学习和
    度即可。                    适应。

                          指导度
```

图 7-2　领导力发展的四个阶段

五、创造新的领导

好的领导者并不是一直创造追随者，相反，他应该创造更多的领导人。这是一个好的领导者出于长远的考虑，出于团队梯队效应和团队未来的持续发展的考虑，应该采取的举措。因为任何人都可能会被这个时代淘汰，但是团队要持续地前行，所以在领导者工作的每一天都应该不断地去创造另外一个自己，去创造那些可以替代的人。这样团队才会不断滚动式地发展，而不会单独地依附于某一

个人，不会因为某个人的存在而存在，某个人的离开而消亡。所以培养接班人是优秀领导者的工作中非常重要的内容之一。

六、表达认可和鼓励

好的领导经常会对员工表达认可和鼓励。请大家不要吝啬对员工表达认可，因为员工其实很在乎自己完成某项任务以后领导对这件事情的态度。如果领导对这件事情予以鼓励和赞扬，那就会让员工充满动力，员工一定会让领导看到他下一个阶段的成长。而且，在赞扬和鼓励的时候，领导应该做到及时。传统的方式是按照一个月度或季度对员工的行为进行表扬和认可，但是从对员工刺激强度的角度来看，需要缩短鼓励的时间周期。在看到员工有好的表现或好的成绩时，第一时间就要给予他们赞扬。

我们今天有很多表扬的方式，比如通过微信的方式给员工点个赞，给他写一份邮件、发一封贺卡，或者直接给他发一个红包。对员工的行为表达认可，对于员工的成长以及团队的热情和士气的鼓舞都是非常有帮助的。

七、敢于冒险

好的领导是敢于冒险的，优秀的领导是敢于聪明地冒险的。领导者的价值是不断地去创造和思考，在新的领域开辟新的价值。一个好的领导一定不是裹足不前的，他应该在充分思考、精确选择后，聪明地进行冒险。这样才能做到与众不同，像乔布斯一样做出别人做不到的东西，才能成为市场上或者这个时代的优秀领导者。

八、富有同情心

好的领导应当是有同情心的，他会从对方的角度去思考问题，这一点非常重要。往往很多的管理者和领导者会因为权力或者影响力的原因，对自己的认知特别在意。所以有时候，他们会缺乏耐心去聆听团队成员的思考或者建议。此时，团队成员不仅没有获得知识和效率，反而会损失很多东西。所以，一个好的领导首先要会倾听。倾听是学习和捕捉员工心声最有效的方式。如果能够站在员工的角度思考问题，那领导者一定会看到这个事物的另一面，这对于团队成员也是非常有价值的。

九、信任

好的领导会给员工更多的信任，因为只有这样才能获得员工的回报和责任心。有些团队的管理者在给予员工某项工作时，在员工的工作过程中经常关注这件事情的进展，经常给员工提出不同的建议或者意见，这是对员工工作缺乏有效信任的表现，反而会让员工不知所措。那如果领导经常采用这样的方式，他就会觉得这个员工不能独立做决策，不能独立地负责任。其实，如果领导没有给员工足够的信任，员工很难做到敢于主动承担和肩负责任。很大程度上，是领导的行为让员工没有办法去肩负责任，而不是员工自己不愿意去肩负起责任。所以这个时候需要领导考量自己的行为是否得当。

十、制定规则

好的领导者和管理者，需要用规则来管理团队，而不是依靠自己的个性来管理。举一个简单的例子，有一位员工，因为某件事情犯错了。通常处理方式有两种，一种方式是领导去批评这个员工，员工会把这种批评当作领导对他个人的不满，进而导致员工存在一种抵触的情绪。另一种方式是，如果这件事情是被一个规则规定好的，领导在批评员工之前就已经做出了明确的声明，违反规定的人会受到一定的批评或者惩罚，惩罚针对的对象是群体，而不是某个个体。这时候，团队的成员对于这种批评就会坦然接受，因为他知道这个批评是因为他触犯了团队定下的条款或者约定，而不是因为触犯了某一个人。所以这样的管理方式和领导方式，更容易被员工接受。

十一、欣赏员工

作为一名好的领导，我们也要学会去欣赏员工。领导者往往因为业绩的压力和工作的压力而忽略这一点。有时我们只关注业绩本身，而忽略了员工的成长，或者忽略了员工身上真正有价值的东西。所以作为一名好的领导，我们应该学会去欣赏每个人身上的优点，然后把它们挖掘出来。

十二、勇于接受挫折

如果我们想要成为一个真正的领导，还要去经历风浪，必须能够正确地面对挫折和失败。每个人在挫折和失败面前的态度就能够反映出自己跟别人的差异，所以这也是培养领导力的一种方式。

一张清单解析管理者

这在一节中我要介绍一个工具，这个工具的名字叫管理者清单。这是一个非常简洁的清单，是一个结构性的图谱，从系统的角度列出了一名管理者需要做的事情。这个清单把管理者的工作分成了4个类别。

第一类：目标建立和对目标执行的控制。

第二类：运营系统的搭建和优化。

第三类：团队的领导和激励。

第四类：对于自我的管理。

大家可以根据这个清单，在平日的工作过程中，审视自己哪些行为需要进一步优化和改进。

我们分别来看一下这4个模块的内容：

第一个模块：建立目标和控制目标执行

建立目标就是说一个团队应该要有自己的使命和愿景，这是非常重要的，这是整个团队前进的方向。第一，大家可以反思一下自己的团队是否拥有一个比较清晰的愿景和使命，成员是否知道自己在朝着什么样的方向前进。第二，在有明确的愿景和使命的基础上，我们是否有一个中期的或者长期的战略目标，这个目标又是什么。因为愿景和使命是一个方向性的东西，所以从商业和业务的角度来说，必须要有一个明确的目标。第三，在这个目标的基础上，我们对于目标进行分解，得到战略的执行路径和执行预算，指导我们去实现这个目标，并把这个目标分解到我们每一个团队成员手中，明确每个人的具体职责。这三步就是领导者在目标体系的建立中要做的。同时，我们要跟员工签署目标和绩效的承诺。那在这个过程中，会用到OKR或KPI等工具和方法。领导者需要定期回顾目标的执行情况，定期回顾监控方法的执行情况，定期回顾团队的工作运营情况。这些就是管理者清单的第一个模块，大家可以对比清单，看一看自己有没有在践行上述的事情。

第二个模块：组织架构

在运营体系中，要有一个比较清晰的团队组织架构，要明确不同的组织架构里的不同职能部门分别需要做什么事，下设哪些岗位，要实现我们的战略和业务发展，需要安排什么样的人员储备，又应该有怎样的人力资源规划。同时，为了理清整个团队的合作流程，我们要回顾团队内部是否有合适的流程，大家做事的前后顺序，优先级别怎样规划。我们要对公司的流程进行持续的评估和优化。同时，我们也要用一些制度去约束和管理员工的行为。作为一名管理者，你是否实施了上述的内容？

第三个模块：领导和激励团队

团队需要招聘合适的员工，并用好的方式去激励他们。正如前文所述，我们可以采用长期激励和短期激励相结合的方式激励员工。我们要思考有没有一些好的方式去挽留员工，有没有给员工制定个人职业发展规划，有没有给员工定期做辅导和培训，让他们能够在这个过程中成长。还有，我们要建立一种良好的氛围和良好的文化环境，让员工在良好的氛围当中快速成长。管理者若想向领导者更进一步，就必须要做到把关注的重心放到人身上，关注人的成长，关注团队的成长。这是第三个大模块，大家可以一一对照：自己有没有把这些事情完成得很好？

第四个模块：个人管理

作为管理者，我们需要持续地进行自我管理和自我成长，需要经常对自己的工作内容进行总结和反思，寻找可以提升的地方。可以从有经验的人那里得到一些反馈，不断地学习和阅读，以获取更多的知识。作为个体，我们在这个团队中应该要有自己的作风,要为团队带来有效的、合理的价值观。同时,对于这个团队整体的文化,管理者也应该积极地去执行,领导要以身作则,起到模范带头作用。

建立目标和控制	优化运营系统	领导和激励团队	管理自我
共识团队使命和愿景 · 群策群力团队使命和愿景 · 持续沟通团队使命和愿景	**确定团队构架** · 确定团队组织构架 · 定义岗位 · 制定人力资源规划 · 持续优化	**招聘和保留员工** · 招聘合适的员工 · 激励员工 · 保留员工	**提升自我觉察** · 持续总结和反思自我 · 获取他人反馈
建立团队目标系统 · 确定团队业务策略 · 制定目标、计划和预算 · 明确团队成员职责	**优化团队流程** · 建立团队流程模型 · 定期评估和持续优化	**发展和辅导员工** · 制订员工发展计划 · 持续给予反馈和辅导 · 定期评估发展进展	**持续自我进步** · 掌握自我发展的重点 · 获取知识 · 优化的运用和练习
确定成员绩效承诺 · 确定绩效目标和优先级 · 举行目标设定会议并获得承诺	**共识团队行为规范** · 确定团队行为规范 · 沟通并持续追踪 · 持续优化	**优化团队氛围** · 建立和持续优化团队行为规范 · 邀请员工参与决策 · 定期分享信息 · 庆祝团队成就	**以身作则** · 践行组织的价值观 · 践行团队行为规范
建立控制系统 · 确定团队运行日历 · 发布团队状态报告 · 运行团队运营会议			

图 7-3 管理者清单

　　这些就是管理者应该履行的管理者清单,我们可以把这个清单当作日常工作的一部分,时常检查自己有没有做这些事情,什么地方有遗漏,什么地方需要去弥补。一日三省,时时自勉,假以时日,就一定可以成为一个优秀的管理者。

这些优秀管理者的特征，你有吗

关于管理在公司中的价值，来自谷歌的这个研究最具有发言权，从管理不重要（Manager Doesn't Matter）到管理非常重要（Manager Does Matter）。在谷歌成立后的几年中，这家一向信奉"技术至上"的公司内部的员工一直质疑管理的价值和必要性。谷歌内部对于自身发展的认知是，作为一个工程师文化的公司，管理和经理人的价值在公司是有限的或者负面的，所以他们提出了"管理不重要"的观点。但是经过几年发展，谷歌的创始人拉里·佩奇和谢尔盖·布林及核心团队对这个观点产生了质疑，到底管理在谷歌有没有效果，是否产生价值。作为一家以数据说话的互联网公司，他们没有立刻下结论，随后在谷歌内部发起了一项被称为"谷歌氧气"的项目，这个项目的目标就是研究到底管理者是否在公司扮演了重要角色，优秀管理者的行为到底是怎样的，绩效好的团队和绩效不好的团队的差异何在。这场研究耗时三年，对超过5000名管理者的行为和团队绩效进行了深入的跟踪和分析。这个研究最后的结果是，管理非常重要，而且总结出了一个优秀管理者的十项最重要特征，这些特征值得我们借鉴：

一、优秀的管理者是一个好的教练

研究表明，得分最高的管理者往往都是出色的教练。这一点在其他行业也同样适用。例如，在体育运动中，许多运动员都讲述了他们的教练是如何释放他们的潜能，并鼓励他们坚持不懈地训练，最终改变他们的生活的过程。管理者可以通过关注每个成员的个人需求来成为合格的教练。

在整个管理过程中，优秀的管理者会如下几点：

1. 与团队成员定期一对一沟通，充分关注每一个团队成员。

2. 注意自身的心态和团队成员的心态。

3. 练习积极倾听并提出开放式问题，以促进团队成员的洞察力（以"什么"和"如何"鼓励发散性思维）。

4. 提供具体和及时的反馈。

5. 平衡积极（激励）和消极（建设性）的反馈，并理解每个团队成员的独特优势和发展领域。

二、给团队赋能，拒绝微观管理

研究表明，管理者以4种方式使团队成员得到足够的自主权，使其成长：

1. 不要微观管理。能够鼓励管理人员将工作委托给他们的团队，并支持主动提出新想法的团队成员。

2. 给予提供建议的自由。让人们可以随意讨论，但是知道何时介入并提供建议，以避免失败。

3. 信任团队。建议管理者给予团队成员权力，不要过于频繁地核对任务的进度，在团队中建立一种信任和负责的文化。

4. 在更广泛的组织中倡导团队合作。鼓励管理人员与他们自己的团队成员分享他们团队的成就。

最有效的管理者通常意识到是他们为团队工作，而不是团队服务于他们。

三、表达对员工个人幸福和成功的关心

研究表明，有效的管理者不仅在职业上表现出对团队的关怀，也对每个成

员的生活表现出关怀。

思想上关心职工，精神上鼓励职工，工作上爱护职工，生活上体恤职工。把员工作为朋友来相处，了解他们工作之外的生活，让团队的新员工感到受欢迎，帮助他们顺利度过过渡期。

四、重视效率和结果导向

员工不会想为懒惰的领导者工作。他们宁愿成为一个成功而忙碌的团队的一员，如果管理者没有定下团队的基调就很难成功。作为一个管理者，我们更应该像一个楷模，当自身不为目标努力奋斗时，我们就没法感染员工，所以领导者当然应该保持高效率的工作状态，重视每件事情最后达到的结果。

五、成为一个好的沟通者，要做到了解你的员工

就个人而言，管理者应该关心他们团队的个人福祉。但是，管理者仅仅关心他们的团队成员是不够的。在研究中发现，员工很重视他们的管理者。管理者需要向员工展示并传达他们的关怀，这需要有较高的同情心和情商。

了解员工的优势会帮助领导者提供更好的反馈。知道自己员工长处的管理人员中，71%的人更有可能被聘用和激励。

六、支持员工职业发展并乐于与他们交流职业表现

能够给出正确的反馈是管理中最强的工具。大多数员工认为，为他们提供发展的机会，是经理的责任。许多管理者往往对于给他们的员工做出建设性的反馈而犹豫。然而，这是团队发展过程中的一个主要部分，如果员工不知道他们需要做什么来提升自己，他们的职业发展可能会停滞不前。

提供对于员工来说可操作的反馈是最好的管理方法。当必须提供建设性的反馈时，一些经理通过首先向员工传达他们做得很好来平衡员工的心态。有几点需要格外注意，必须要确保反馈强调行动，而不是针对个人。应该做到就如何解决问题提供建议，并讨论最好的解决方案。

从专业角度来说，管理人员可以通过提供反馈意见、发现和共享机会，并执着于通过技能开发来发展自己的团队。管理者可以鼓励团队成员把握各种各样的机会，例如横向移动（即成员在新团队中扮演相同的角色来开发新技能）或掌握某项技能成为团队中的首选专家。

七、对团队有一个清晰的愿景

研究发现，设定愿景是优秀管理人员的重要行为。明确的团队愿景有以下几个作用：

1. 拥有共同的愿景对于团队的成功至关重要，因为它可以让员工保持专注并朝着同一个方向前进。相反，如果团队缺乏重点、远见和相应的动力，这个团队就会面临极大的失败风险。

2. 团队成员需要知道他们为何而战。一个清晰的愿景意味着团队中的每个人都知道他们要去哪里，他们是否在正轨，以及达到了目的之后是否有收获。

3. 可以帮助团队决定要做什么。清晰的愿景可以帮助团队进行权衡并确定事物的优先顺序。在沟通决策时，管理者应该把任务与愿景联系起来。

一旦设定好愿景，经理就需要有效地将这一愿景传达给团队。优秀的管理者应当在口头和书面上都把愿景表达得清楚、简洁和诚实。成为一个好的沟通者的同时也意味着成为一个忠实的倾听者。谷歌鼓励管理人员为他们的团队提供服务，并鼓励公开对话和诚实的反馈，即使在出现严峻的消息时也是如此。

八、具备较高专业技能来提升团队

专业技术技能可以帮助管理人员在团队中充当可靠的顾问，展示他们在其专业领域具有的深厚专业知识。这可以帮助管理者们保持最新技能，并传达出重要信息：管理者不仅是领导者，还是团队的参与者。

优秀的管理者懂得授权每个人各司其职来打造成功的产品，同时他们也应该是某个领域的专家，而且在接到请求时可以帮助团队解决问题。

九、能够积极推动内外部合作

优秀的管理者除了在团队内部实行有效管理之外，还有意愿和能力推动组织之间的合作，这样的合作以考虑整体目标为前提，推动自身在管理组织中贡献的价值，扮演积极的角色。

十、成为强有力的决策者

优秀的管理者一定是一个出色的决策者，他们可以在不同场合和情境下，根据经验做出最正确的判断，管理的过程就是不断做出正确决策的过程。决断力是管理者的重要技能。

附录一
高效管理实战百科

在团队管理的过程中,创业者需要关注团队的执行力。所以在附录部分,会和大家介绍一些在团队管理过程中经常用到的有效管理工具。管理工具是经过人们的总结而得出的一套富有逻辑的管理方法,能够帮助管理者更高效地工作,帮助他们解决许多实际的问题。所以,作为创业者的你,非常有必要去了解和掌握这些工具。

团队战略目标模糊，缺乏协作——T-Map

我首先跟大家介绍的是一个战略规划和执行工具。提到战略规划和执行工具，我想可能在大家的脑海中，会浮现"波特五力的战略规划和分析工具""BCG矩阵""GE矩阵""SWOT矩阵"，还有战略管理咨询公司所创造的一系列战略规划管理工具。然而我要跟大家介绍的这个工具叫T-Map。为什么要推荐这个工具呢？因为和这些战略规划的工具相比，T-Map是相对比较简洁有效的一个工具，那它可以解决我们在日常团队管理过程中的什么问题呢？

首先，我想跟大家分析一下我们在日常的团队目标执行战略规划中经常会出现的状况。第一种状况是团队成员缺乏目标感。如果你是一个管理者，在你的团队执行任务的过程中，当你去询问团队成员整体的目标时，我相信很多时候团队成员的回答其实是不准确的，或者他们的目标认同是有差异的。层级比较低的员工很有可能对于团队正在做的事情缺乏目标感。他们只知道今天要做的事情，但并不知道做这件事情的目的和意义。目标不清，使得团队很难形成一种合力去达成绩效目标和任务。

第二个问题就是由于目标不清晰，导致部门之间没有办法开展协同和协调的工作，因为部门之间并不了解彼此在做什么，这样就会导致整个团队的效率低下，很难快速有效地实现目标。

解决上述问题，T-Map 就是一个非常合适的战略执行工具。接下来大家可以详细了解一下怎样去使用这个工具。"map"的意思就是图，T-Map 就像是我们的作战图，这个图是一个矩阵。首先这个矩阵的上方维度是时间，这个时间的维度可能以年为单位，也有可能以季度为单位，或是以月度为单位，我们可以根据实际的团队工作执行要求来设定。

在左侧和下方的维度是团队成员的职能和任务的维度，是这个团队在职能上的细分和角色的细分。以一张公司的 T-Map 为例，在这家公司中的职能和任务的维度，可能包括产品部门、运营部门、人力资源部门、财务部门和销售部门。

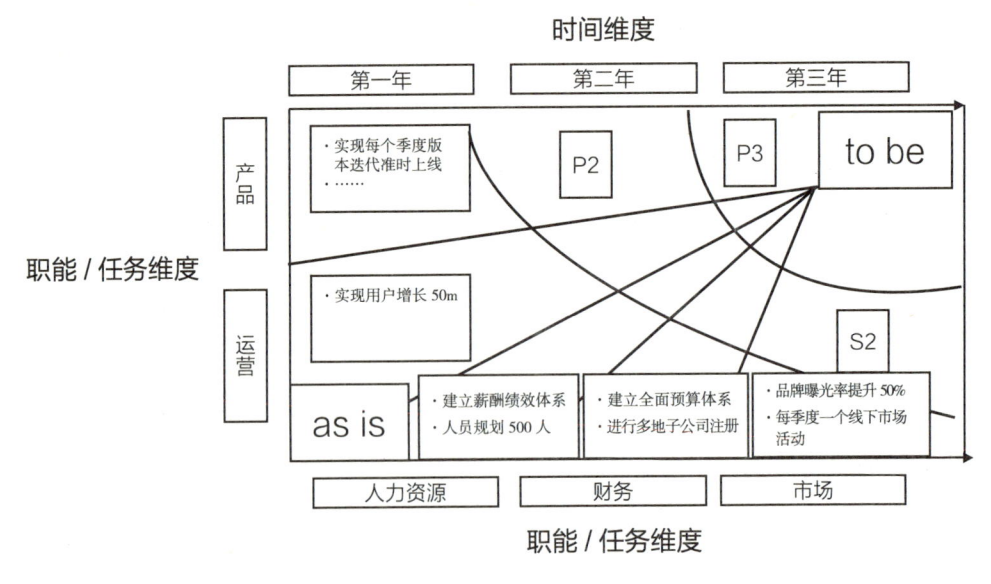

图 8-1 T-Map 实例

接着看这张图，整个矩阵的左下角和右上角的这两个模块分别代表"as is"和"to be"。"as is"的意思就是我们的现状，右上角的"to be"代表了员工在这个时间维度下希望达成的目标，比如某员工希望3年内达成什么样的整体目标，销售要做到多少金额，产品达到何种水平，用户数达到何种规模。这就是团队要通过思考、内部的核心团队研讨、头脑风暴规划出来的短期和长期的路径图。

从职能和任务模块到"to be"的连线，我们就能够在今天到未来的区间内，区隔出每一个职能或任务部门。然后再像画图一样，在时间维度上，画一个半圆形或者1/4个圆的弧线，这个弧线可以通过时间的维度来画。最后通过职能任务维度的直线和时间维度的弧线，我们就形成了一个个的小区间。比如这张图上就是我们产品的区间，包括第一年产品的区间、第二年产品的区间和第三年产品的区间。我们也能看到销售部门或者是人力资源部门3年之内每一年的区间。这样就形成了一个非常清晰的路径图。

这个路径图就代表这个部门、这个角色或这个功能在不同的时间点需要做哪些事情才能从今天的现状到达未来的目标。大家可以用便笺纸或者直接写入的方式把某一个时间节点某一个模块所要实现的目标等相关信息填入图中，最终形成一张整个团队、组织和公司的战略发展图谱。

T-Map的好处在于，我们能够完全解决战略目标和部门协同不清晰的问题。

第一，这张图就是我们的作战图，它很简单。不像有些战略规划图，动辄需要几十页的PPT或几十页的Word文稿来呈现，这些规划文档放在我们的电脑文件夹里面，做不到直观可查看。而这张作战图则非常清晰，它可以随时被摆放

171

在公司最醒目的位置。大家都可以清晰地看到，在某个时间节点，我们的总体目标是什么，每一个部门或者每一个角色具体的目标和任务是什么。这有利于我们团队成员的执行力和效率的提升。

第二点好处在于有利于整个团队中部门和部门之间的协同作用。举一个简单的例子，比如说销售部门今年的任务或者这一个季度的任务是要提升业绩，这意味着直销团队和渠道团队要增加人力。那这个任务需要人力资源部协助完成，所以这个任务应该同时出现在销售团队和人力资源部门的此时间节点内的任务表上。这张表可以让人力资源部门清楚地看到销售部门的任务，这样他们就会把这件事情作为当期的主要任务，这样两个部门就协同了；如果人力资源部不了解销售部门的任务优先顺序，那在执行的过程中，两个部门之间就会产生问题。

同时，T-Map 使用的范畴也是非常广泛的，它既可以服务于一个公司的团队，也可以服务于一个小的部门。我们完全可以把小团队里面每一个个体的角色区分出来，制定属于小团队的 T-Map。T-Map 就是这样一个高效帮助创业者协同团队目标的工具。我相信有了这张图之后，创业公司领导再去询问团队成员公司当前时间节点的工作目标，一定可以收获满意的答案。

团队出现问题，如何找到问题的根源——MECE 原则

要和大家分享的第二个工具是一个思考和解决问题的工具。这个工具也可以让我们在呈现观点的时候，更加有逻辑，让我们在分析和解决问题的时候，可以找到事物的根源和问题的核心。这个工具的名字来自麦肯锡金字塔原理当中的"MECE"原则。

金字塔原理是人们在呈现和表达观点时的一个法则，这个法则通常要求我们在每一个段落、篇幅或者某一篇文章中，都只能有一个中心思想。然后通过层层递进的方式来解释和论述中心思想。每一层的中心思想，一定是对前一层的中心思想的概括。我们所有优秀的报告或观点表述采用的都是这种金字塔模式。

从宏观的角度来看，我们每年的政府工作报告、我们具体的指导思想、行业的观点等都是符合金字塔结构的。具体细分到每一个团队的工作汇报，也是使用从中心论点到分论点再到具体论据的程序，它也形成了一个金字塔的结构。很多咨询的报告、研究的报告都是用这样的方式组织内容的。

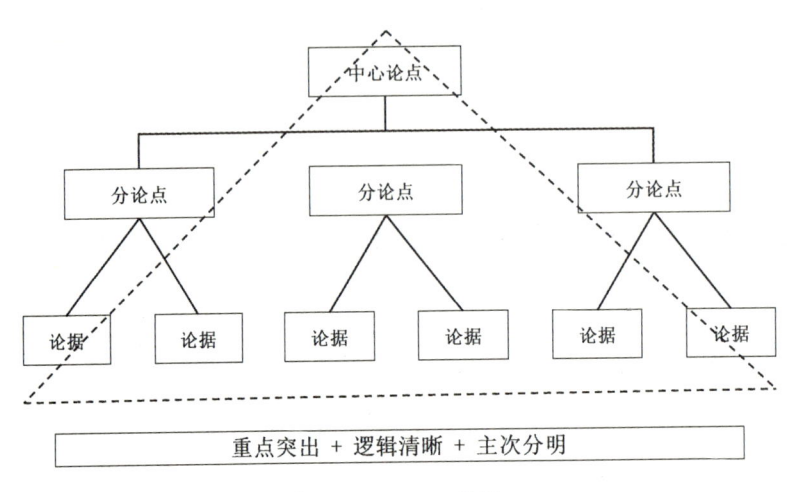

图 8-2　MECE 原则

在金字塔原理当中，最核心也是可以用于我们解决问题的部分，就是"MECE"原则，即"相互独立，完全穷尽"的概念。这个概念具体的解释是，我们在分析每一个议题的时候，必须做到陈述的分论点既不重叠，又能够穷尽所有可能。这样就能够对问题进行清晰的认知和逻辑的解决。比如，有 1 到 10 这 10 个整数，完整地排列展示这 10 个整数就是符合"MECE"原则的。因为首先各个数字之间是没有重叠的，彼此都是完全独立的数字。其次，我们并没有仅仅从 1 列到 8，而是做到了把全部数字穷尽，所以是符合"MECE"原则的。

在分析和解决问题的时候，我们可以经常使用这样的思维方式和原则。举个简单的例子，在工作中某个团队成员的表现不尽如人意，那我们应该如何找到该员工现在状态糟糕的原因呢？这时候就用"MECE"原则来分析导致他表现不好的原因。这可能是薪酬的原因，可能是他个人能力的原因，可能是团队文化的原因，还有可能是某些外部原因。所以我们列出的这 5 个点，基本上可以涵盖导致他表现糟糕的全部可能因素了,按照常理应该不会有第6个点了。如果还有第6个点,那说明我们在罗列时没有做到穷尽,那就不符合"MECE"的原则了。

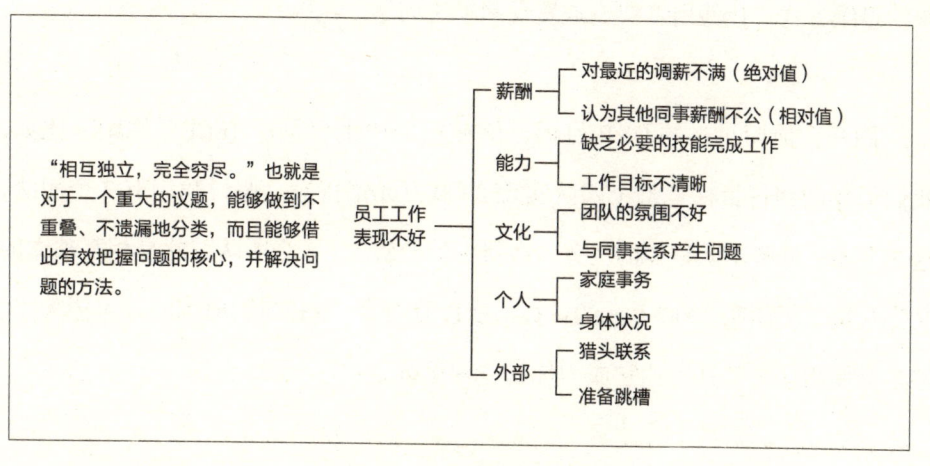

```
                                    ┌─ 薪酬 ─┬─ 对最近的调薪不满(绝对值)
                                    │        └─ 认为其他同事薪酬不公(相对值)
"相互独立,完全穷尽。"也就是          │        ┌─ 缺乏必要的技能完成工作
对于一个重大的议题,能够做到不    员工工作 ├─ 能力 ─┤
重叠、不遗漏地分类,而且能够借    表现不好 │        └─ 工作目标不清晰
此有效把握问题的核心,并解决问        │        ┌─ 团队的氛围不好
题的方法。                              ├─ 文化 ─┤
                                    │        └─ 与同事关系产生问题
                                    │        ┌─ 家庭事务
                                    ├─ 个人 ─┤
                                    │        └─ 身体状况
                                    │        ┌─ 猎头联系
                                    └─ 外部 ─┤
                                             └─ 准备跳槽
```

图 8-3　MECE 原则的实例

另外,这5个点之间是没有关联的,文化和薪酬之间没有关联,个人问题和薪酬也没有关联,所以这5点是相互独立的。再进一步,我们对这5个因素中的每一个都可以单独使用"MECE"原则。从薪酬的角度来说,员工对薪酬的不满可能来自最近调薪之后对工资的绝对值不满,或者对薪酬的相对值不满。而从能力上分析,可能是该员工缺乏必要的技能不足以完成某项任务,或者是该员工对工作的目标不清晰。从团队文化的角度来说,可能他们认为团队的氛围不好,也有可能与某个同事的关系出现了问题。个人方面的话,可能家庭的事务干扰了他的状态,或者最近他生了病,身体状态不太好。也有可能是外部原因,比如有猎头联系了该员工,他已经准备跳槽了等。

所以层层分解这些原因以后,就可以发现最核心的问题。比如,最终我们发现问题出在他对自己的工作能力不满,这个人比较上进努力,但是他的工作技能不足导致做事的结果不理想。那管理层就有的放矢，可以给该员工足够的培训，让他提升技能，进而改善他的工作表现。所以"MECE"原则是一个非常合乎逻辑的思维方式，让使用者快速地发现和解决问题。

同样，前面讲过的 OKR 目标分解使用的原则也是"MECE"原则。比如，我们今年的销售目标是整个团队实现 3000 万元销售额。假设我们有 3 个团队，这 3 个团队分解团队整体的任务。在目标的分解中，3 个团队彼此是相互独立的，又完全覆盖了团队 3000 万元的目标，所以是符合"MECE"原则的。希望大家能够学会使用这个工具，让它成为你的一种思维方式。

提升团队的效率和责任感——RACI

我们在管理时经常会碰到的问题就是一个已经通过会议制订下来的计划和任务在经过若干时间之后不了了之。管理者最后也不知道到底是谁具体负责了这项任务，更无从知晓这件事最后的结果如何，效果如何，如何向下继续进行，而且在这个过程中团队成员之间也缺乏协作。

面对这种问题，我给大家提供一种新的工具，即"RACI"。这种工具得名于4个英文单词的首字母组合，分别代表着在执行任务过程中的4种不同角色。

其中"R"代表着责任（responsible），是指在做事的时候具体执行任务的人。他要负责计划的具体执行，同时对这件事情的结果负责。

第二个英文字母"A"，代表accountable，它的意思也是负责，但与R不同的是，他不是真正去执行这件事情的人，但他需要对最终的结果负责。比如，一个销售团队里面的销售代表会负责跟客户沟通，洽谈商务合作，所以他在整个的"RACI"里面，他的角色就是R，即responsible。因为他亲自做这件事，又需要对这件事负责任。而销售代表的上一级销售经理和销售主管的角色就是"A"，accountable，因为他们需要对整个销售业绩负最终的责任，所以这就是两个角色的区别。

第三个角色"C"指被咨询（consultant），就是顾问的角色。我们在做一件事情的过程中，会咨询一些专业人士，以获取一些信息。比如，我在做某件事情的时候要去咨询一下财务部门，这时候财务部门就是"C"的角色。"C"角色有义务为团队的执行提供意见和相关信息。

第四个角色"I"指被告知（inform），具体是指在任务进行的过程中，这个角色需要知道任务执行的进度和进展。比如，一项正在进行的计划中，销售部在执行一个任务，但他们需要及时把工作的进展告诉市场部的同事，市场部就是"I"的角色。

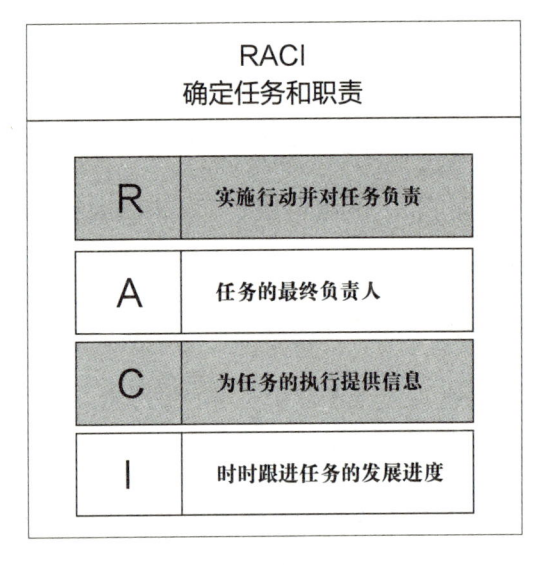

RACI 确定任务和职责	
R	实施行动并对任务负责
A	任务的最终负责人
C	为任务的执行提供信息
I	时时跟进任务的发展进度

图 8-4 执行力工具 RACI

希望大家对这 4 个角色要有清楚的认知，因为这 4 个角色就是我们在团队的任务执行过程中，每一个任务都会包含的部分。而且只有这些角色全部就位了，事情的执行才会有效，才会达到我们的预期。这就是"RACI"能够产生的价值。

给大家举一个简单的例子,假设我们是一个上海某共享单车的团队,下一个季度的主要任务就是需要让我们这个品牌的共享单车在上海的市场占有率达到第一,面对这个任务,我们应该如何分配角色呢?

首先上海的销售或者业务的负责人,他的角色应该就是我们所说的"R",因为他要负责把这件事情履行到位。此外,这件事情的最终负责人,即总部考核和问责的最终负责人是上海分公司的总经理。因为他要对上海市场的最终结果负责,所以他的角色就是"A"。

在执行此任务的过程中,我们希望有一些专业人士提供建议协助销售计划的制定,我们也需要一些其他城市的推广经验,这个时候就需要去咨询总部的销售部门。那总部的销售部门扮演的就是"C"的角色。

同时,在开展工作的时候,我们要把拓展上海市场的进展和进度告知市场部、公关部门、投资部门和其他的相关部门,需要他们对外做一些工作,这时候就需要"I"的角色了。

当这4个角色分配得非常清晰的时候,大家就能清楚地知道每个人在这项任务的实施中要扮演什么样的角色,要做出什么样的贡献。在总结和回顾的时候,领导者和管理者也能够很容易地定位任务执行过程中好的方面和差的方面,以及谁应该对该结果负责任,这也是我们希望达到的目的。

我们工作中所有的任务都可以用"RACI"来分配角色,可以把它做成一个矩阵或表格，在这个表上就可以获得相关的信息。"RACI"表格的作用还不止于此，通过一个表可以看到更多的东西。

横向维度

比如，我们刚做完一个工作任务的布置和分配，在左侧列一个工作任务，右侧列出不同的人和不同的角色定位，他们分别是"R""A""C"，还是"I"。当我们列完之后，横向检查一下每个任务的角色。如果在一个任务的内容当中，看到了有两个"A"的角色，那就要重新安排一下任务。因为当一件事情有两个人负责的时候，这件事情很大程度上会出现问题。所以必须要调整分配，调整到只有一个人对这件事最终负责。

同样，对于"R"角色也是这样，在回顾、审查角色的时候，如果发现一件事情有两个"R"角色在执行，比如说上海有一个负责人是"R"，而北京的销售负责人也是"R"，那可能两个人都不清楚自己是不是该执行这项任务。

	角色1	角色2	角色3	角色4
任务1	R	A	I	I
任务2	R	A	C	I
任务3	C	I	R	A
任务4	A	C	C	R
任务5	A	R	I	C

表8-1　RACI任务矩阵

所以这里有一个原则，请大家记住，一个任务就只能有一个"A"和一个"R"，这是必须遵守的原则。有的时候，"A"和"R"可以由同一个人来担任，比如，作为上海公司的总经理，他可以既是"A"又是"R"，在这项任务中是"A"，在另一项任务中是"R"。但是，在一个任务中，永远只能有一个"A"和一个"R"，必须是唯一的，这是很重要的一个原则。只有这样，才能确保所有人都清楚最终的责任人和负责人。

但是"C"和"I"这两个角色在"RACI"的分配中可以有多个人选。对一件事情，我们可以去咨询多个人，这些人都可以在体系中负责提供信息。比如我们可以就资金方面的问题去咨询财务部，技术方面的问题去咨询技术部门，也可以同时通知或者告知多个人，所以可以有多个"I"。总之，我们要记住的第一个重要的原则就是"A"和"R"只能有一个，但"C"或"I"是可以有多个人来担任的。所以当分配完一个工作任务以后，我们需要查看一下安排是否符合这个标准。

纵向维度

第二个重要的原则就是当我们把很多任务累加起来的时候，每一个人身上都同时体现了他在不同任务里的角色，从纵向的角度来看，如果一个人同时担任"A"和"R"的角色，这个时候就要考虑一下他的承受能力了。

如果他承担太多的"A"和"R"，我们要考虑这个人是不是工作的负担过重或压力过大了。可能这个人负责了团队当中80%的"R"，那就暗示着在分配的过程中存在问题，太过于仰仗某一个人。这表明公司或者团队的能力结构是有问题的，团队有必要再补充有相关能力的人员来分担这个人的压力。另外，如果过分地仰仗某一个人，使得这个人在团队中的重要性过强，团队也会面临比较大的风险。如果这个人离职，或者因为其他原因不能继续承担责任的时候，公司和团队的任务可能就无法顺利完成。

另外，每一个人的精力是有限的，如果一个人做太多的事情，就会导致他无法把这些事情做到最好。所以遇到这种情况，我们必须要做的是储备人才，要把他的一些工作授权给其他人，让别人去分担他的压力，或者把他在某些工作任务中的角色从"A"或"R"转变成"C"或"I"，让他知晓这件事情，但并不一定真正对这件事情负责，更不用实际操作这件事。这样，整个结构就比较合理了。

所以，"RACI"这个工具的好处在于，它不单单是在简单地分配工作任务，通过分配的任务，我们可以检查整个团队的结构合理性，可以看到团队在发展的过程中存在的一些潜在风险。

当大家对这个工具都非常了解的时候，我们再分配任务，大家就会很清楚地知道自己应该负责哪些事情，这样可以把相应职责执行到位。如果我是"R"，我就要负责把这件事情落实到位。如果我是"C"，那我就会积极、主动地提供支持和帮助，让这件任务执行得更高效。

这样一来，团队的负责人在如此分配工作以后，大家都会非常清楚该做什么，负责人只需要等待结果即可。当然，在"RACI"使用的前期，如果还不太熟练，那么可以通过画图或者表格的方式标注每个人的角色。当这个团队已经形成了一定的默契之后，员工之间甚至不需要用表格或图画的方式去提醒大家，因为每个人已经很清楚地知道自己的角色是什么了。这样一定会让团队执行的过程变得更加高效。

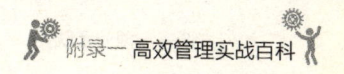

战略决策模型框架和执行模型——SPADE

时间，对于任何一个管理者来都说是非常重要的。有些管理者的工作非常高效，因为他每天都在处理最重要的工作和任务，而有些管理者却每天疲于应付各种各样的细节工作。有些时候，我们工作的勤奋会掩藏战略上的惰性。个人长期的低效对于整个团队的效率也是有损害的，所以通过好的时间管理去提升我们整个团队的管理效率，尤其对管理者的管理效率是非常重要的。

关于如何合理分配时间，我推荐下面这个工具。

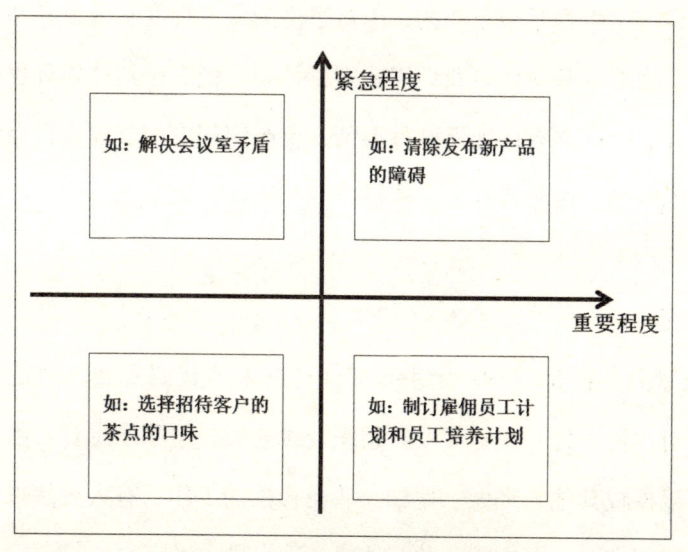

图 8-5　决策模型四象限图

这个四象限图，也有两个维度。第一个维度，也就是横坐标的维度，是紧急程度，具体来说就是指一件事情究竟有多紧急。纵轴的维度是这件事情的重要程度。这样就形成了四个象限的内容。

第一象限

代表这个任务特别紧急，而且又很重要。忽略这件事会对团队产生负面的影响。比如，重大的危机事件、客户投诉、即将到期的任务、重大的问题等。这些问题需要我们必须马上着手去做，要立刻把问题解决，从每天的工作日程表上抹去。在进行工作排优的过程中，第一象限的事件要放到第一优先级。

第二象限

这个象限工作很重要，但并不是非常紧急，如一些需要长期培养的工作、良好人脉的建立、人际关系的打造、新员工的成长、防范措施的制定、战略方面的思考等。这些工作都是很重要的，但从事件的紧急程度来说，它并不属于特别紧急的范畴。面对这些事情，我们需要安排计划，把它排到计划日程中去，要知道自己应该什么时间去有序地做这件事情，要组织相应的资源或者会议去集中讨论这件事情的落实，按照日程表去执行。

第三象限

事件很紧急，但是它不一定很重要。这些事情我们要做，但是重要程度稍低一些。面对这种事件，我们要及时组织资源去做，但不一定要自己亲自做，这时我们就可以授权其他人来做。比如一些流程性的工作、有人突然来访、接听某些电话等。我们完全可以让团队的其他成员帮自己去做完成。

第四象限

事件既不紧急，也不重要。比如，客套的闲谈、浏览朋友圈了解信息等。这些不重要和不紧急的事情在一个高效的团队中可能就被直接舍弃了，因为我们要把的时间留给最重要的事情。

我们可以来看一下高效的管理者一天的时间安排。早上到了公司以后，可能会花 15 分钟到半个小时的时间去了解今天一整天的工作情况，接下来管理者的工作就是创造一些并行的工作机制，把有些工作授权给同事，或者指导同事去执行。这样，这些同事就有了一天的目标和方向，在过程中管理者可以跟踪或者指导，并把关最终结果。接下来就要处理当天最重要的事情，这可能要花费 2 到 3 个小时。然后可能还要花一些时间思考公司未来的成长或是员工未来的成长，规划未来的事宜，如果余下还有一点时间，那可以利用这个时间来进行一些社交活动。这样的时间安排对管理者来说就是非常高效的。

高效管理者时间安排

9：00

了解整体工作情况	授权/安排	处理当天重要事项	规划未来事宜	其他
15 分钟	10 分钟	2～3 小时	2～3 小时	30 分钟
全天，阶段性跟进结果				

表 8-2　高效管理者时间安排

另外，我们在做一些重要决策的时候，可以参考 SPADE 框架来明确：

1. 需要决策的内容是什么（setting），什么时候需要做出这个决定，以及为什么这个时候需要做决定？

2. 谁是最合适的人选（people）？

3. 有什么替代方案吗（alternatives）？

4. 最后，做出决定（decide）。

5. 并向他人解释原因（explain）。

这个框架能够帮助我们将决策过程的每个阶段清晰地展示给团队，做出高质量的决策。

附录二
团队可持续发展的双保险

在创业公司的发展过程中，随着业务的不断增长，会不断对团队能力提出新的要求，团队成员的能力要和公司发展需要的能力相匹配，才能够持续推动公司的发展。这时候就需要管理者采取一些措施。更值得注意的是，有些措施是长远的行为，需要在公司发展的早期就意识到，并积极布局。春天播种，到秋天才会有好的收获。

团队新人一批不如一批？——能力杆原则

一般来说，对于一家成长了 3 年以上的创业公司，高层管理者一定会遇到这样一个问题：原有团队的能力跟不上公司的发展。因为在公司刚刚起步的阶段，由于公司的规模比较小，品牌知名度也有限，招募的员工能力不一定是市场上最优秀的，合适才是最重要的。这些员工的能力在当时是合格的，但能力却不是最优。随着公司的不断扩张和发展，管理者会发现这些员工的能力有所欠缺，可能会使公司在未来发展中遭遇比较大的风险。

这时候面临的问题对于公司发展是有挑战的，如果继续用这一批人，虽然可能有些人会成长，但并不是所有人都成长得那么快。如果用外部的人选来替代，而且是大范围的替换，则会给公司带来比较大的动荡。

如何解决这个问题？其实需要未雨绸缪。这里给大家介绍一个叫作能力杆原则的工具。

能力杆原则是指我们在公司招募员工的时候，每一个阶段后一批进入的员工的能力一定要保持在前一批员工能力平均水平的 75 分以上，也就是处于老员工的能力中上游水平。采用这样的方法，我们可以确保每一批后加入的员工都比前一批员工的能力高。最终，员工的能力结构就会像阶梯一样拾级而上。随着公司不断成长，员工的能力阶梯也在不断地攀升，这使得团队的能力能够跟未来的业务发展相匹配，避免出现员工能力和公司业务发展需要之间落差太大的情况。

能力杆的优点在于：

1. 能力持续提升。通过能力杆的要求，公司团队成员的能力会一层层递进，从整体上可以满足业务的需求，不会导致能力和业务脱节太严重。如果团队招了一个人，能力很强，但是目前公司可以施展的舞台很小，这样的人才也无法留住。而循序渐进的方式，使得能力和业务相匹配，业务发展也可以得到相应能力的支持，能力强的人才也得以有发挥的空间。

2. 提升团队学习能力。能力杆的另一个好处在于，通过这样阶梯式的能力增长，团队成员之间的能力水准差异不会拉开太大距离。能力较弱的老员工可以和新进的能力较强的员工学习。在这个过程中互相督促，一起成长。

3. 降低风险。能力杆提升的不是个别员工的能力，而是团队整体的能力，就像个方阵。对于公司来说，这样也避免了依附于某个个体，对于团队发展的风险也在可控范围内。

老员工动力不足了，怎么办——潮汐法则

创业公司团队在发展过程会遇到的另外一个情况是，管理层觉得公司团队成员中有一批人中层的老员工积极性不足，出现了疲态，不论怎样调整，也无法提升积极性。这时候该怎么做呢？

中层的员工产生这种状态的原因来自两方面：一方面工作已经有了一定的年限，重复性的工作导致略显疲态；另一方面，已经占据了一定的职位，不会被轻易调离，这种情况是非常普遍的。

通常我们的做法有两种：一种是该员工沟通，用更大的刺激来激发他们工作的动力，许以高薪，或者升职。如果能达到预期，这个员工会产生一定积极性。但问题是这样的操作会带来两个负面效果。第一，这样的激发方式是有成本的。高层级的岗位有限，薪酬增加也会带来公司成本的增加。第二，这样的刺激是有限的，可能过了一段时间后，激励效用减退，新的疲态又会出现。

另一种可以采取的方式是，引入外部的人才来替换现有人员。这样通过新鲜血液的注入，可以带来新的活力及危机感。但是这样做也会存在风险。风险在于，一方面，我们对于新人的能力不甚了解，能否达到我们期望的水准，有时候

还是个未知数。另一方面，对于新人的加入，原有的老员工有被替代的风险，一定会产生抵触心理。这样会给公司的正常运作带来风险。在引入新人替代老人的时候，我们要考虑多方面的因素：

1. 新进者和公司文化是否适应？
2. 他对公司价值观的认同如何？
3. 他过去的经验和能力在这里是否可以发挥？
4. 交替过渡阶段的平稳性如何？

对于过渡阶段的平稳性，需要公司的高层给予更多的关注。因为新人和老人的区别不在于能力，只是在于对这个环境的适应程度。应该在态度上给予新人同等的认同和支持，公司高层可以专门花一些时间与新人们进行交流沟通。

这也要求我们给新进入的人员一个同等的平台，不要在主观上有"新人"和"老人"的区分。虽然老人之间已经没有磨合期，沟通的效率更高，然而也许这种效率背后牺牲了观点和新的见解。这样，一方面使得企业发展有了上限；另一方面，没有真正发挥出新人的价值。更恶劣的后果是，新人没有找到自己的价值定位，可能会很快离开公司。

除此之外，我们还有一个方法，叫作潮汐原则。潮汐原则是指当潮水涨起来的时候，后浪不断推动着前浪到岸边，越推越高。而组织的发展也与之同理。这给我们的启示是，有时候动力要来自内部，来自底部。

有时候，底层和中层员工的差距不在于能力，而在于资源，甚至某些基层员工工作的积极性可能更强。如果给基层的员工更多的资源，让他们去创造和打破一些局面，产生让人认同的业绩，这样中层的员工就会渐渐感受到压力，从而让他们产生危机感，继续充满活力地努力前行。

所以，在公司内部，高层如果想以一种艺术的方式来驱动一些惰性中层时，可以尝试着从底层出发，给予下一层员工更多的关注和资源，让他们可以展现出更多的能力，做出成绩。而且开放晋升通道，这样基层员工的表现会触动中层，像潮汐的力量一样推动发展。

长江后浪推前浪，前浪不一定会被拍死在沙滩上，前浪要借助这种动力继续前行，才能有更高的高度，这才是组织发展的动力源泉。而企业的创始人也要借助这一浪又一浪去越过那些潜藏在海底的风险。

图书在版编目（CIP）数据

如何打造一流创业团队：创业者最实用的管理指南 / 倪云华著. -- 北京：中国友谊出版公司，2018.10
ISBN 978-7-5057-4499-8

Ⅰ.①如… Ⅱ.①倪… Ⅲ.①创业—中国—指南 Ⅳ.①F249.214-62

中国版本图书馆CIP数据核字（2018）第221148号

书名	如何打造一流创业团队：创业者最实用的管理指南
作者	倪云华
出版	中国友谊出版公司
策划	杭州蓝狮子文化创意股份有限公司
发行	杭州飞阅图书有限公司
经销	新华书店
制版	杭州真凯文化艺术有限公司
印刷	杭州钱江彩色印务有限公司
规格	710×1000毫米　16开 13印张　150千字
版次	2018年10月第1版
印次	2018年10月第1次印刷
书号	ISBN 978-7-5057-4499-8
定价	48.00元
地址	北京市朝阳区西坝河南里17号楼
邮编	100028
电话	（010）64668676